自在慢行

人生可以全力衝刺，
但也別忘了偶爾放慢腳步

何飛鵬——著

序
自在慢行，活在當下

前半生，我急著做所有的事，每天和時間賽跑，對任何事都只有模糊的印象，我這一生好像白過了！

五十歲以後，我開始放慢腳步過日子，凡事預留足夠的時間，也仔細體會生活的每一刻，學習自在慢行、活在當下。

我的前半生，都在急著做所有的事！

在家吃飯，老婆還在煮菜，我就已經坐上桌，然後最後一道菜還沒上桌，我就已經吃完了。到餐廳吃飯，我沒有耐心、不想等待，上菜超過五分鐘，這餐廳我下次就不來了。

坐車子、坐飛機，我總是要等到最後一分鐘，才匆忙趕上。有一次堵車，竟然錯過飛機，只能改機票搭下一班。

出去旅遊，每個行程我都是急急急，趕趕趕，急著赴下一個景點，以至於遊玩後，對所有景點都不太有印象。

工作，我也是急急急，希望用最快速度完成，因為匆忙，所以所有事都是草草應付了事，很少把事情做到完美。

急是我的個性，因為急，養成了我趕的習慣，不論何時何地都和時間競賽，生命充滿了緊張，完全沒有悠閒。

五十歲以後，我逐漸開始厭煩這急和趕的日子，我開始問自己，這麼急、這麼趕，真有這個必要嗎？這樣急，又有什麼好處呢？

我完全找不到正面的答案。

急著吃飯，我完全感受不到食物的美味，也犧牲與家人一起聊天吃飯的樂趣，只有填飽肚子而已！

急著搭車搭飛機，我總是最後一刻才出門，期待一上車、上飛機就開了，務必讓等待的時間最短。因此我老是與時間賽跑，害怕趕不上，不知不覺間，死了許多細胞。

我的旅遊經驗更是莫名其妙，理論上旅行就是要享受悠閒，可是看景點、走步道，我總急著要快速走完，我很少用眼去享受，用心去體驗，事後只留下模糊的記憶，這完全違背了旅行的意義。

至於工作，要用最短的時間完成，從效率的觀點來看，這或許無可厚非，可是這與完美的品質也是違背的。只有慢工能出細活，一定要小心謹慎的慢慢做，才能達到最高品質，我追逐了效率，但放棄了完美，看來在工作上急和趕，也是得不償失的。

我嘗試放慢腳步，好好體驗生活，但是一時三刻也改不了急和趕的習慣，只能慢慢調整改變。

所幸年紀讓我想透了許多事，台灣人平均壽命八十歲，而我現在已超過七十一歲，只剩幾年的生命而已，我急著過生活，是要做什麼呢？日子過一天少一天，我這樣急，生命很快就走到盡頭。

當我想清楚這個道理之後，我開始奉行自在慢行的生活，好好的過每一分鐘，每一個時刻都要好好把握，活在當下才是最正確的生活態度。

我嘗試細嚼慢嚥，慢慢吃每一頓飯；我預留許多時間，早早到機場，等候飛機起飛；出去旅遊，我用心感受每一個景點；我認真的工作，做好每一件事，這都是自在慢行，活在當下。

這是我五十歲之後的人生體悟，但是我很後悔！為什麼我不是在二十歲時，就知道且學會這些事，我白白浪費了三十年，少了許多可貴的人生經驗，讓人生留下模糊的空白。

人生有目標，要用寬心慢走去完成。人生有數十寒暑，我們要活在當下，去體驗每一刻，這才是真正的人生。

後語：

年輕的時候，急著做所有的事，還無可厚非，因為我們有太多的事想要完成，但年老了就應該要享受人生。

目錄

第二章

心性修煉

第三章

待人處世

第四章

生涯抉擇

第五章

職場智慧

第六章

成長學習

第七章

他山之石

第一章

人生體悟

徹悟、轉念、和解

人生是一段沒有地圖的旅程，我們一生都在摸索中前進！走錯了，再回頭檢討、徹悟、重新來過，我們終會找到正確的路。

遇到困境，遇到走不過的坎，遇到麻煩的人，我們避不開、躲不過，只好耐住性子，轉個念，與他們和平共處，日子久了，也就習慣了。

這世界充斥著不完美，現實與我們期待的情境相距十萬八千里，我們無法改變，只能接受，與不完美和解。

1 人生路還長，寬心慢走

人的一生，也不過數十寒暑，一轉眼就過了，會過生活的人就要珍惜每一天，全心全意去享受，活在當下，要仔細體驗人生的喜怒哀樂，都是值得回憶的事情。

此時此刻，才是一生中最值得珍惜的時刻，人生路短暫，應寬心慢走。

有一個禮拜天，在墾丁度了三天的潛水假期，中午在後壁湖吃了一頓美味的海鮮餐後，大約在下午兩點十五分左右啟程離開回高雄，準備搭四點五十五分的高鐵回台北，這本是充裕的時間，可以好整以暇的走完墾丁到高雄的行程。

可是一上車，小孫女就說要去便利商店買個東西，於是我們一行就在車城找了家超商，大約花了十分鐘後又繼續向北挺進。

我們本來就預計要繞道東港，去參觀一家台灣自行開發的巧克力名店——福灣，去買些好吃的伴手禮，回台北分送親朋好友，可是當我們到達時，發覺時間只剩一個多小時，原來預定可以停留半小時，可是已很緊急，我要求家人只能停留十分鐘，買完巧克力要立即上路。

誰知道一到店裡，有各式各樣的巧克力，琳瑯滿目，每個人都東挑西選，老婆要買給十幾個韻律班的同學，女兒、女婿分別要買給同事，就這樣琢磨再三，再加上上洗手間，總共花了二十幾分鐘才搞定，又急忙上路。

我看時間已超過四點，上車打開Google導航，發覺到高鐵站的租車公司尚需四十二分鐘，可是我們還要去加油站加滿油，才能還車，順利完成的話，只剩不到十分鐘去搭高鐵，這幾乎已是不可能的事。

在車上我一面看導航，一面算時間，我開始後悔繞去東港買巧克力，嘴裡叨叨唸著，這時候老婆說話了：都已經這樣了，你唸唸有什麼用呢？趕不上就搭下一班車又怎樣呢？

我回說：我祕書訂高鐵時就說，這幾天是罷韓事件，高鐵全滿，恐怕是訂不到車位了。我還是焦急，繼續看導航。

更不幸的事情發生了，到鳳山交流道時堵車，我一看完蛋了，這下確定搭不上高鐵了。這時候女婿說話了，Google的時間都有把堵車計算進去了，到達時間應該不會更晚。

我將信將疑，但仍然十分懊惱，怎麼會在愉快的三天假期的最後，遇上這種討厭的事呢？

可是懊惱有何用呢？只是徒然讓自己不快樂而已，我開始心念一轉，決定接受搭不上高鐵的事實，開始安排後續的可能。

看看能不能改訂高鐵之後的其他班次，就算一家人無法搭同班車，分開也無妨，這樣也就晚幾個小時到家而已，我再安慰自己，反正早回家我也沒事。

如果搭不上今晚的高鐵呢？那就在高雄輕鬆的住一晚，吃一頓好吃的晚餐，就多逍遙一晚上，明天搭一早的高鐵回台北，也不會影響週一的行程，這樣似乎也不錯。

人只要看開了，一切就豁然開朗了。

我告訴自己：人生的路還長，要寬心慢走，不急。

就在我轉念之時，奇蹟發生了，我們竟然在四點四十三分到達租車公司，不加油直接還車，然後一家人直衝高鐵站，我們在五十一分搭上車，準時趕上，放寬心果然有神奇的力量。

後語：

我們不要變成時間的奴隸，做任何事都要預留充裕的時間，及早出發，及早到達，給自己留一些空間。

2 放下架子，丟棄面子！

每個人都有習慣的生活節奏，當你還在上班時，生活的節奏以工作為主，用工作填滿整個生活，再用休假當作空檔，補足不足的部分。可是當離開工作時，一切都變了，許多人從此失魂落魄，不知所從。

清明節四天長假，心裡想著疫情嚴重，那就宅在家放空四天吧！哪知道從第一天早上起床，就因無所事事，從主臥室走到客廳，再走到書房，覺得渾身不自在，彷彿失魂落魄一般。一下打開電視看一看，沒什麼喜歡的節目，所有體育轉播也都暫停，悻悻然關上電視；一會兒打開水寫紙，拿起毛筆寫書法，臨摹文徵明的〈前赤壁賦〉，寫了幾頁，也覺得心不在焉；接著打開書本，逼自己進入最近正在閱讀的《如何衡量萬事萬物》（*How to Measure Anything*），讀不到一章，又覺得昏昏欲睡，可是不是才剛起床嗎？已經睡了一整夜，為什麼做什麼都不是呢？

老婆大人在一旁說話了：不過才休息幾天不上班，你就失魂落魄，不知所從，未來你如果退休了，整天在家，那要如何是好！

一語點醒夢中人，我的問題是沒事做，或是說：沒有正事要做。平常在辦公室排了滿滿的行程，見人、會議、談事情、討論工作、創意發想，偶爾的空檔就是休息時間，繁忙而充實，我早已習慣了這種日子，一旦空下來，沒有行程，當下就不知所措，這是所謂的退休症候群，我不禁悚然而驚！

我曾設想過自己未來退休的日子，自認為一定能自我排遣，自己找事做。我曾想像自己可以在花園中拈花惹草，種種植物；也能到處爬爬山，四處走走；當然也可以看看書、寫寫東西，可是這只是我的想像而已，並沒有真正嘗試過。而這幾天，也不過就是幾天清明假期，我竟然就不知所從，不知如何度過。

我想起了以前當記者的日子，看到許多退休的高官無班可上，身邊沒人可使喚的窘境，運氣好的人會打個閒差，維持有地方可去，維持個上班的排場。運氣差的人，就難免落寞，快速衰老！

這些退休高官們，還有一種習慣，見了人總喜歡稱呼官場的頭銜，而且一定是離職時的最高職位，部長、次長、主祕、局長、司長……，這雖然並非他們主動要人如此稱呼，可是所有接觸他們的人，都自動自發的這樣稱呼，以維持他們的顏面，而他們久而久之也就習以為常了，這也是退休症候群！

我開始感受到自己未來會有大麻煩，因為在現在的職場中，我有太多排場、太多光環、太多頭銜，身邊圍繞了太多同事、部屬、員工，而身後的招牌代表了一個龐大的系統與組織，令人覺得高高在上，不可直視，我的職位給我太多原本不屬於我的東西，而我也自以為是，坦然受之。

可是一旦我離開了組織，沒有了頭銜，還剩下什麼呢？

我不想成為失意、落寞的高官，我要活得自在，活出自我，那我要怎麼做呢？

我拿出紙筆，為自己寫了八個字：放下架子，丟棄面子。架子與面子是我未來會落寞的包袱，因我仍然記得上班時的職位與光環，難忘人前人後的前呼後擁，這些都是架子與面子，唯有從現在就開始拋棄它們，我未來才能活得自在。

後語：

❶人要能分辨工作與自我的差異，在工作中，我們有一個角色要扮演，有頭銜、有排場、有同事、有部屬，但這些都是工作中的關係，和自己完全沒有關連。

❷人只要離開工作，就只剩下自我，每個人都要有心理準備，一旦離開工作，就要從工作中「淨身出戶」，要「放下架子，丟棄面子」，拋棄所有工作上的職位與光環。

3 廬山煙雨浙江潮

蘇東坡的一首詩，第一句和第四句都是「廬山煙雨浙江潮」，描述了完全不一樣的心境，從期待到不過爾爾，人類實在是變化莫測的動物，隨著心境的改變，就會產生完全不同的感受。

五月中下旬，和兩位好友及夫人去了一趟加拿大的洛磯山脈，自駕十六天，走遍加拿大六個國家公園，往南穿越邊界，到西雅圖，再玩了附近的三個國家公園，這是一趟大山大水的美景之旅，洗滌了我充滿塵埃的心靈。

我們從台北直飛溫哥華，再轉機前往加拿大中西部的卡加利（Calgary），這是洛磯山脈旅遊的入口站，沒想到落地時，就遇到煙霾，加拿大因為乾燥，山林野火烽起，導致煙霾籠罩，能見度極差，再美的景色，都如蒙上一層灰色面紗，全無美景可言。

所幸第二、三天，煙霾散去，洛磯山脈的美景終於露臉了，從第一個班夫國家公園（**Banff National Park**），美景就令人震撼；冰山、冰川、冰原、激流、瀑布、森林、湖水，每個角落拍下來的都是極美的風景照。到了露易絲湖（**Lake Louise**），平靜無波的湖水，映照著雪山、綠樹，再加上湖邊的城堡飯店，倒影映在碧綠的湖水中，真不愧是膾炙人口的旅遊景點。

接著幾天，我們驅車北上，沿著冰原大道，探訪賈斯珀國家公園（**Jasper National Park**）及冰川國家公園（**Glacier National Park**），又是冰山、冰川、瀑布、森林以及碧綠的湖水，仍然是視覺的洗禮與心靈的享受，但是對美景的新鮮感已逐漸淡化。

接著我們又回到露易絲湖，遊玩庫特尼國家公園（**Kootenay National Park**）及優鶴國家公園（**Yoho National Park**），然後就跨越美加邊界，進入美國西雅圖地區，繼續玩了三個國家公園。

不知是否因為已旅遊多日，就覺得在美國的國家公園，不如加拿大的精彩，除了瑞尼爾山國家公園（Mount Rainier National Park）有參天巨木，稍覺得有趣，並無其他驚豔之處。

我回想此行美加國家公園之旅，其實景色都是世界級的景觀，絕對不虛此行，但何以到旅遊後段仍會覺得了無新意呢？主要還是因為類似的美景，重複看也會疲乏，再好的美景也就不是美景了！

這一次的經驗，讓我想起蘇軾的一首詩：廬山煙雨浙江潮，未到千般恨不消，到得還來別無事，廬山煙雨浙江潮。這首詩的起句和末句都一樣，只有中間兩句有轉折，卻蘊含了極深的喻意。

首句的廬山煙雨浙江潮，講的是嚮往和期待的絕世美景，對蘇軾而言，這是一生必去一觀的經驗。

次句道出了心中的期待，一旦到不了，心中充滿悔恨，務期一生必須一圓此願才能罷休。第三句則做了三百六十度的大轉折：到得還來別無事；一旦到了現場一觀，卻覺得並無特殊之處，從親見前的期待到親見後的無感，這是多大的差別。

最後一句的廬山煙雨浙江潮，則是不過如此的感慨。

這首詩印證了我這次的國家公園之行，從開始的驚豔、驚嘆，到最後覺得不過都是冰山、冰川、河流、瀑布而已，人要適度保持新鮮感，同樣的場景，重複體驗，也會無趣，許多事，淺嘗即止，過猶不及。

後語：

❶ 這一趟的美加旅遊，自己駕車，隨心所欲，走遍了能到得了的國家公園，山光冰原水色，風景優美，真是難得的體驗。只是看多了，也會無趣，人的經驗，可再不可三，旨哉斯言。

❷每天美食大餐，久不感其味，處芝蘭之室，久不聞其香，人就是喜新厭舊，人性如此。

4 轉念改變一生

我的一生充滿了失敗與挫折，每一次失敗，我都歷經折磨，折磨是痛苦的，在無邊無際的痛苦中，我常會想放棄，可是一旦放棄，一切都付諸東流。但要如何才能不放棄呢？轉念是唯一的方式。

二〇〇二年，我們公司在廣州做了一項合資案，與大陸的出版社共同經營出版，由於不熟悉大陸出版實況，經營每況愈下。二〇〇五年，合資案已虧損兩千餘萬，那時我每個月都要去廣州，都在香港轉機，香港機場變成我最熟悉的機場。

有一次我又從台北桃園，前往廣州，又到香港轉機。那次是到廣州討論是否要增資，因為又已虧損了許多錢，面臨了是否要繼續經營的抉擇。

在香港轉機時，我拿到登機證，發覺是七〇號登機門，在香港來回那麼多次，我從沒有到七〇號登機口，也從來不知道香港機場有這麼多登機口，我提著行李箱，一路走下去。

先搭了接駁巴士，下了巴士，再走路，覺得這趟路好遠，像永遠走不到。因為我掛念著虧損的事，就覺得越走越沉重，這似乎是趟永遠走不到的路……。

最後終於走到了，我發覺七〇號登機口是在航廈的盡頭，香港機場是在海上填起來的建築，七〇號登機口窗外就是茫茫無盡的大海。

我佇立當地，百感交集，心想莫非是暗示我此行要去跳海嗎？合資案虧損這麼多，我責無旁貸，如果可以我真想跳海，一了百了，以向公司謝罪……。

但我不能跳海，那是不負責任的行為，思前想後之後，我還是決定去廣州面對虧損，打起精神去解決問題。

隔週回到台北後，我把這段心路歷程寫在《商業周刊》專欄，標題是〈七〇號登機門〉。

十年後，二〇一五年，我接到一通電話，說有一位不認識的大陸台商要到辦公室來看我，我讓祕書問他，有什麼事嗎？他回答沒什麼事，只是要當面來謝謝我，我滿頭霧水，既不認識，為何要來謝謝我呢？

禁不住對方再三要求，我約了他相見。他帶了大陸普洱茶送我，娓娓道來他與我的「神交」。

他是《商業周刊》的讀者，他說，二〇〇五年他在大陸讀到我那一篇〈七〇號登機門〉，大受感動，因而改變了他的一生。

當時他在深圳經商，也一樣虧損累累，也正面臨了何去何從的抉擇，他原本想丟下一切跑路，正在猶豫不決時，讀到了〈七〇號登機門〉，深受激勵，他覺得並不是只有他面臨困難，我當時也面臨了和他一樣的困難，而我沒有跳海，也沒有一走了之，還是回去面對，他也決定留下來，繼續奮鬥！

他回台灣抵押了房子，帶了錢回大陸重新開始。由於觀念變了，做法變了，破釜沉舟，生意慢慢有了轉機，直到二〇一〇年，他把過去的虧損還清，之後開始順風順水，賺了不少錢。

而這些年，他一直念著我那篇〈七〇號登機門〉，覺得這篇文章改變了他的一生，而他也一直是《商業周刊》的讀者，他要專程來謝謝我。

秀才人情紙半張，一張薄紙原來也可改變人的一生。

後語：

❶七〇號登機門是我永遠會記得的體驗，那一排候機室的座椅，再加上座椅後方的大海，就像我當時面對的困境。

❷沒想到有人和我一樣面臨困境，更沒想到一篇文章，會改變人的一生，轉念是改變人生唯一的路。

5 忍過了就海闊天空

小時候的經驗，會變成一生永遠的記憶，也可能變成人一生永遠的習慣。我的一生對病痛有異於常人的耐受力，我能夠忍人所不能忍，都是拜小時候痛苦經驗之賜。

小時候，大約是一年級到三年級時，我患上過敏症，不時會起風疹塊，起風疹塊時，全身極度搔癢，我忍不住就一直抓，抓到皮膚紅腫破皮。

那時候家中很窮，媽媽沒有帶我去看醫師，只是一直告訴我：忍住，不要抓，只要不抓，過一會兒，就不會癢了。我怎麼能忍得住，仍然不斷的抓，我告訴媽媽，我忍不住。媽媽告訴我：你只要抓，就會把皮膚抓破，那樣會更痛。

剛開始時，我真的忍不住去抓，也真的抓破皮，痛得不得了。後來我發覺，用手抓癢不是辦法，不但止不了癢，還會抓破皮，只好開始嘗試媽媽的方法：設法忍住。

剛開始，忍不住，只能忍一下，就去抓一下，抓了一下之後，又繼續忍住，設法把忍住的時間拖長，之後我忍住的時間，就慢慢越來越長了。

之後，我又發覺一個很有效、不去抓癢的方法，那就是設法全身用力，把力量灌注到手腳上，每次總能持續個幾秒，當我全身手腳用力時，全身的注意力就在手腳，就暫時忘記癢的事了。就這樣，只要忍不住要抓癢，就用這個全身用力的方法，設法改變自己的注意力，就可以撐久一點、不去抓癢。

說來也奇怪，當我設法忍住不去抓癢之後，皮膚就慢慢不癢，大約半個小時、四十分鐘，我起風疹塊的毛病就慢慢退去，恢復正常了。

在那皮膚過敏的幾年之間，我就這樣用我的意志力去忍住，用全身發力的方法去改變注意力，去對抗風疹塊的毛病，後來對風疹塊也就見怪不怪了。

後來住在我家下面的一個鄰居，是一個立法委員，姓夏，她聽說我會起風疹塊，就拿了一些抗過敏的藥給我，只要一開始過敏，就先吃一顆藥丸，過敏的症狀就會壓下去，不再發作了。

有了吃藥的經驗，我才知道，原來我的毛病這麼簡單就可以治療，並不需要用意志力去強力忍住，原來窮困的家庭與富有的家庭有這麼大的不一樣。

我並不因此感到沮喪，反而很有成就感。我告訴媽媽，我不用靠藥物，也可以自己克服風疹塊的困擾，我學會了用意志力對抗疾病。

我這一生中，對癢、對痛、對不舒服的環境，較諸常人有更大的忍耐力，我能忍受常人不能忍受的痛苦，而習以為常，這都是小時候對抗過敏，對抗風疹塊的經驗學會的。

我不只在對抗痛、對抗癢上有更大的耐受力。我在面對困境時也有極大的忍耐力。

創業的過程中，有許多次歷經七、八年的虧損經驗，但我都不肯放棄，我堅持住、我忍住，最後都能夠一步一步的逆轉，成就一番事業。

從小的經驗告訴我，不論再大的困難，只要忍住，忍過了就可以海闊天空。

後語：

❶因為家貧，無法看醫生，也沒有藥吃，因此能自力救濟、靠意志力對抗過敏，也造就了我堅毅的個性。

❷面對困境，也要有耐受力，才能堅持到底，忍住痛苦是克服困難的必要方法。

6 主動伸出友誼之手

每個人都期待有很多好朋友，也希望遇到貴人，但朋友與貴人不是憑空而來的，都是每一個人一點一滴慢慢經營而得，而主動伸出友誼之手，邀約大家成為朋友，一起聚會、一起吃飯，就是交友的王道。

我有一個一起出去旅遊的朋友，一開始是因為一起去西藏旅遊，同行十幾天，大家相處還算愉快。回台後，他就很熱情的主動請同團的夥伴吃飯，大家就更熟悉了。

隔了兩年，有人又主動邀約，去俄羅斯的堪察加半島旅遊，這個朋友也去了，在整個行程中，他鉅細靡遺的發臉書，把整個行程做了仔細的報導，再加上精彩的照片，他變成全團的隨團記者，也成了全團人緣最好的人。

回來後，他又主動邀大家吃飯，吃完飯，團友們開始發起不定期的餐會，隔幾個月總有人邀約吃飯，旅遊團變成吃飯團，大家更熟悉了。

這個朋友非常喜愛臉書，內容不外工作、旅遊、餐會。他工作常出國，經常看到他到處飛，亞洲、歐洲、美洲、大陸，記錄了他開會的行程。旅遊則不同，以美景照片為主，再加上流暢的文筆，深刻的人生感觸，讓我們這些朋友讀起來趣味盎然。餐會就更精彩了，三不五時不是紅酒趴，就是威士忌趴，按照他貼的文章，酒都是名酒，菜都是大餐，他的朋友無數，日子過得非常豐富多彩。

我對他產生了好奇心，我問他：為什麼會有這麼多的朋友，以及這麼多的餐會？

他笑著說：我也不知道，就是朋友越交越多，酒越喝越入味，飯局也越來越多。

沒有任何原因嗎？我不相信他隨口的回答。

「當然有啊！就是我常常主動伸出友誼之手，和大家交朋友。」他回答。

他告訴我，他是喜歡交朋友的，也刻意去交朋友。他以我們認識為例：第一次去西藏時，他發覺這團都是有趣且值得交的朋友，所以就決定要交我們這些朋友、主動約吃飯拉近距離。後來再去堪察加半島，那也是一趟很好玩的旅程，回來後再約大家吃飯，目的就是要把大家從點頭之交，變成真正的好朋友，當我們不定時有飯局之後，大家就是好朋友了。

他還告訴我，因為他喜歡喝酒，剛開始是朋友會帶他參加各種酒聚，他也會在酒聚上認識各種朋友。對這些人，他也會主動伸出友誼之手，在他做主人時，邀請這些朋友聚餐，久而久之，大家都變成好朋友，各種酒聚都會邀請他，所以飯局就變多了。他一次請十個人吃飯，每個人都回請他一次，就可以吃十次，飯當然吃不完。

聚餐完，他還會發一則圖文並茂的臉書貼文，描寫好酒、好菜、好餐廳、好主人、好朋友、好聚會，讓大家都賓至如歸，面子十足，這是一個客人該有的禮貌。

我是不善交友的人，聽了他的交友方法後，終於豁然開朗，要交朋友，就先主動伸出友誼之手吧！

後語：

❶我是個內向的人，雖然常有應酬場合，也閱人無數，但我都和大家保持距離，見過面之後，不會主動再聯絡，日久也就疏遠了。主動伸出友誼之手，對我是交友的好方法。

❷交友的邏輯是請一頓、十個人，未來就有可能吃九次，因為大家都會回請，請吃飯絕不會吃虧。

7 人生的彼得原理

彼得原理：能力強的人，一定會被老闆不斷升官，一再升到他不能勝任的職位為止，這是組織的黑色幽默。

人生也有彼得原理，我們只要做成功一件大事，就會充滿信心，想不斷複製成功經驗，直到失敗、失手，打回原型為止。

一九九四年底，我們出版了一本暢銷書《一九九五閏八月》，半年內銷售了三十萬冊，成為當年度最暢銷的書籍，也屢次登上報紙頭條，成為當時最重要的熱門話題，一時的成功也讓我志得意滿起來。

有了《閏八月》的成功經驗，讓我覺得自己是暢銷書的推手：我是看得懂暢銷書的人，也是會行銷暢銷書的人，我甚至覺得任何書到我手上，我都能把它做成暢銷書。

之後那段時間，我看到任何書都覺得有機會做成暢銷書，於是我連續大做了幾本書，期待能乘勝追擊，多做出幾本暢銷書來。

緊接之後的一本書，是軍人作家寫的、一本軍事政變寫實小說，這本書的時空背景和《閏八月》有點像，我覺得這本書有機會大賣，於是我出了高價購買版權，也花了大錢行銷，只可惜這本書雖賣出還不錯的量，但仍然離暢銷書很遠。

接著我又繼續複製了幾本當時很有話題的兩岸議題書，我仍然大手筆放手一搏，但沒有一本達到我心中的預期。

除了議題書之外，我也嘗試了理財、健康、心理勵志這些類型書籍，也一樣大膽操作，也期待能再有暢銷書出現，只是都事與願違。

這樣的狀況，持續了一年多，一直到我終於體驗到我也只是個平凡人，我能做出暢銷書《一九九五閏八月》，只不過是運氣好，老天爺賞飯吃，並不是我有特殊的能耐，我不應該浪費老天爺的美意。

就在這個時候，我讀到一本書《彼得原理》（*The Peter Principle*），書中描述了作者發現的職場定律，組織中所有人只要是能力還不錯，一定會被主管不斷升官，一直升到一個他不能勝任的職位為止，所以任何時間去檢查組織中的人，一定都是不勝任的人。

這本書一把敲醒我，讓我忽然頓悟，組織中的人會不斷升官，一直升到不勝任為止，這不是也像極了人生的道理嗎？人生不也是存在著彼得原理嗎？

我出版暢銷書的經驗，不也是人生的彼得原理嗎？當一個人有了成功的人生經驗，志得意滿的心境，會放大一個人的心理、胃口、判斷，會讓一個人自以為是萬能的，因而放手去做所有事，積極進取的態度，會加速人的腳步、作為，直到他犯了一次重大失敗，被打回原形，告別成功經驗，成功的彼得原理才會停止。

與職場的彼得原理不同的是：職場是因上級長官發功，要讓一個人升官，而被升官者又不知拒絕，不斷升遷是來自外部力量。而人生的彼得原理，成功會不斷被試圖複製，一直到面臨重大失敗，打回原形為止。其動力不是來自外部，而是成功者自以為是的心性，被成功沖昏了頭，自以為英明神武，可以不斷複製成功經驗，才會面對以重大失敗來終結成功的結果。

所以要避免人生的彼得原理，就是在成功之際，要謙卑、謙卑、再謙卑。

後語：

❶要避免人生的彼得原理，每當我們成功時，要告訴自己：成功高興只要一天，不要被成功沖昏了頭，也不能大膽放手做事，小心謹慎為要。

❷成功有運氣成分，我們無法複製運氣，所以不能膽大妄為。

8 與不完美的世界和解

人的生活條件越高，越不容易存活。窮苦的人，物質缺乏，在任何困苦的環境中都可以存活。

世界永遠不完美，也不盡如人意，我們只能接受，只能理解，只能與不完美的世界和解。人無法改變世界，只能適應世界。

一個條件非常好的年輕人，開始上班後，工作一個換過一個，沒有一家公司讓他滿意，每一家公司都有一些缺點，他的抱怨沒有少過。

這是條件好的困擾，他是台灣頂尖的大學畢業，修習企管，然後又出國留學，很快就拿到財務碩士，回國工作。先進入一家大型傳統產業集團工作，不到半年，轉到一家金融機構，又不到半年，再轉到一家高科技公司。問起他為何頻繁轉換工作？

「每家公司都有各式各樣的缺點：第一家規模雖然很大，歷史也很悠久，但做的是傳統產業，讓人感覺死氣沉沉，老闆雖然努力轉型，但是一直找不到新方向，所以我不想在那裡浪費青春。」

「第二家金融機構，一樣規模也很大，制度也很嚴謹，但就是因為太嚴謹了，做起事處處掣肘，一切都講流程，一步一步來，很難適應。」

「現在的高科技公司，做的是半導體相關的行業，也與最熱門的ＡＩ相關，看起來是十分有前景的公司。」

「可是由於是新創公司，組織制度不太健全，完全是人治的文化，創辦人以及各級主管也都年輕，工作欠缺規劃，再加上主管不成熟，常覺得無所適從，現在還在努力調適中。」

他說話的口氣充滿無奈，顯然他對這個世界的工作環境有很深的誤解，所以才會產生適應不良的現象。

嚴格來說，他所經歷的三家公司都是不錯的公司，對一般人來說，都是夢寐以求的工作，可是他卻覺得問題重重，都待不到幾個月，就要換工作，這是為什麼呢？

我的結論是：這位年輕人成長的過程太順了，在最好的學校，學著熱門的科系，然後出國，也很快修得學位，外在世界給他一個非常友善的歷程，幾乎一切都為了他量身打造，他幾乎從未遭遇逆境，所以才會在工作中，把一些組織中常會遇見的問題，視為不可忍受的現象，非要用換工作來解決。

真相是：這世界充滿了問題，也充滿了不完美，人存活就必須要與世界的不完美和解，要能容忍、接受，把不完美視為人類生存的前提，接受它、放下它、適應它！

尤其在職場，每個公司都存在各式各樣的問題，有的產品老化，有的組織老化，有的系統、流程不健全，有的老闆好大喜功、不英明，有的主管有私心、不成熟，這都是常見的現象。每個人在工作中，只能看好的，容忍壞的，然後找到自己的工作方法，成就自己的工作成果。

我語重心長的告訴這位年輕人，不要再換工作了，和這不完美的世界和解，改變自己，適應問題是唯一的解決之道。

後語：

❶職場是個花花世界，有好公司、有壞公司，但是就算是好公司，內部也存在著各種問題，也不可能盡如人意，所以只能看公司的優點，忽略公司的缺點，工作才會愉快。

❷能力強，條件好的人，也要與不完美的世界和解。

第二章

心性修煉

坦白、自省、感恩

我是一個平凡人，我會犯所有的錯，我不需要偽裝，我把犯的錯及自我檢討，都和大家分享，我是一個表裡如一、坦白的人。

我知道自己有許多缺點，我常常檢視自己的缺點，也嘗試改進，如果改不了，也要設法避開。

我一生遇到許多貴人，這些貴人有人用錢資助我，有人伸手扶我一把。我會設法記住他們，並在適當時候，表達我的感激，也嘗試回饋。

9 生平無不可告人之事

人會犯錯，犯了錯只有坦白認錯，才有機會改正。我把我在工作上所犯的錯，都寫在專欄中，一方面以昭炯戒，一方面檢討改進，因為常常承認犯錯，所以我變成一個坦白的人

坦白可以獲得別人的信任，我也把公司變成一個透明的公司，公司所有的財報，讓員工理解，也認同公司。

寫了近三十年的專欄，幾乎寫盡了人生經歷，其中光彩的片段，自己說、自己寫，似乎有誇耀自大之嫌，故甚少著墨。反而是犯錯為難之事，透過自述而檢討改進，可以作為讀者的借鏡，大多數的專欄都屬此類文章。有讀者稱：

讀我的文章，常可看到我犯的錯，我是一個坦白的人。

有個公開場合，有讀者問我：你經常說許多難以啟齒的事，你不覺得為難嗎？

我回答：我是個簡單的人，也是極為平凡的人，平凡的人都會犯錯，我幾乎犯了所有人都會犯的錯，我和所有人一樣，完全不需隱瞞。透過不斷檢討、改進，才有機會逐漸做對，因此每次自白的過程，就是我的改善進程，所以我「生平無不可告人之事」，總是要坦白說出來、認錯，我才有機會改錯。

坦白，是我人生修煉的重要歷程。

久而久之，我變成一個透明的人，好處是容易獲得別人的信任，因為別人覺得對我夠了解，覺得知道我所有的事，也知道我的價值觀，我的做事方法，別人可以預測我所有的作為，所以和我相處，就不會有意外發生；因為我是可以預測的人，知道我會做什麼事，也知道我絕不會做什麼事，所以是容易信任的人。

其實要誠實告白，每次都需要極大的勇氣。有許多事，我曾經做了，而別人不知道，別人不知道我曾有過極難為情的經驗，不知道我曾經幹過雞鳴狗盜之事，也不知道我有過陰險狡猾的算計，因而我能維持好形象，可是說出來，好形象就破滅了，別人會怎麼看我？

每一次告白，都要長期煎熬，要和自己對抗，最後總是要承認自己是個平凡人，平凡人都會犯錯，而告白是讓自己重生，讓自己有機會重新來過，不需要在偽裝中過日子。

我不只是把自己變成透明人，我也把自己的公司變成透明的公司。我把公司中的每一個人視為自己人，盡可能向他們公開公司所有的訊息。

我公開的第一個訊息是公司所有的Know-How，我們所有工作都有工作手冊，所有同事都可以看，都可以學習，在工作方法上，我們沒有祕密。我們不只對內公開，對同業也完全公開，我們認為只有大家一起進步，整個行業才會進步。

我們對同事公開所有的財務，我們是上ERP的公司，電腦系統可以做到單品損益、系列產品損益、部門損益、公司損益，只要是一定職位以上的主管，都能看到公司的損益狀況。

對同事公開損益的好處是，他們知道賺賠，會更加努力去賺錢，把公司的損益，當成自己的損益，仔細斤斤計較。

簡單透明是好事，個人透明可讓人信任，公司透明可激起員工鬥志，努力做到「無不可告人之事」吧！

後語：

❶生平無不可告人之事，指的是在做人處事上，都可以公開討論，至於個人的一些私密小事，公開了，別人也沒興趣，不說也罷。

❷公開我們公司經營的Know-How，讓同業參考，代表我們的自信與寬容，公開公司的損益，代表我們對員工的信任。

10 我的九個缺點

人要真實的面對自己，面對自己的優點，也要面對自己的缺點。

我是到了三十歲，在工作上已經當了小主管時，才開始發覺我有許多缺點，我也才真誠的面對自己的缺點，刻意去避免、刻意去改善。

到目前為止，我已知自己的缺點有九個，我仍不斷的檢討中。

小學五年級的時候，學校要組樂隊，我因為成績不錯，被老師指定為樂隊成員。一開始老師讓我敲木琴，可是我老是學不會。吃過午飯後，我一個人單獨練習，成效卻依然不彰，最後老師只好把我的樂器換成相對簡單的鑼鈸，從此我知道音樂是我終生的罩門。

初中的時候，許多同學打桌球都學得很快，只有我停在玩樂性質的階段。直到有一次我下課，發覺同學一練就是半小時。我恍然大悟，怪不得他們進步飛快，可是我始終不願和他們一樣靜心苦練。從此我知道，我缺乏耐心，這是我第二個缺點。

讀大學時，學英語打字，很多同學很快可以十指並用，只有我老是一指神功，我發覺我的手指很笨拙，學不會打字，英文打字從此成為我一生的缺憾。之後連帶的我也學不好電腦，一直要到有手寫輸入，我才能稍微克服，這是我第三個缺點。

開始工作後，我發現自己有更多的缺點。做事的時候，我不喜歡窮究細節，凡事只要掌握大方向，就覺得一切都會自動完成，殊不知許多執行細節會出問題。有一次開記者會，現場電腦故障，簡報打不開，整個流程大亂，我終於知道，不務細節是我很大的缺憾。

我一向自以為聰明，很多事都一眼看透，因此遇事我都很快下結論，我也以此自豪。不過這也成為很大的缺點。有一次，我快速下了一個結論後，與別人產生爭執，我堅持自己是對的，可是事後證明，我少考慮了一個因素，我是錯的。從此我知道，反應靈敏而導致過快下決策，是我第五個缺點，之後也明白開口前，要先思索一段時間。

我喜歡新鮮，每次遇到新事物，總是仔細研究。但是對不斷重複的事物會厭煩，沒有耐性處理，所以我經常覺得工作無趣，日子過得很痛苦。我又發覺，喜新厭舊是我第六個缺點，我開始強迫自己要有耐性去做重複的事。

當我的職位逐漸高升，成為主管後，我還發現一些其他缺點，我對自己太有信心，不太聽部屬的發言，以至於無法看透所有的真相，誤會了部屬，這是我第七個缺點。

我的個性好大喜功，經常在訂目標時有驚人之舉，訂出了讓團隊為難的目標。雖然有時能達成，但只要達不成，對團隊是重大打擊，這是第八個缺點。

我當領導者欲壑難填，總是要求更大更好的成果，讓團隊痛苦不堪，欲望是我的第九個缺點。

每一段時間，我都要盤點自己，已知的缺點是否有改善，未知的缺點是否有新發現！

後語：

❶面對缺點，最徹底的解決方式，就是下決心去改善，不會唱歌，就學會，不會打字，就學會，改善了，缺點就沒有了。

❷如果不能改善，就要知道避開，避免誤陷自己的缺點。

❸要知道自己會有缺點，隨時檢討，隨時改善。

11 我唯一能改變的就是我自己

每個人個性不同，行事風格有別，不見得都能相處愉快。可是如果遇到與自己合不來的人，要如何對待呢？遠離這些人可能是好的選擇，問題是如果這些麻煩的人是你必須相處的對象，那我們該怎麼辦呢？

年輕的時候，我曾有一段非常痛苦的工作時間，那時候我有一、兩個非常麻煩的同事，這兩個人老是爭功諉過，有好事他們老是搶著做，有壞事他們就躲得遠遠的。以我死心眼的個性，嫉惡如仇，對他們當然極為討厭，恨不得他們能從我們的部門消失，我也期待我的主管能制止他們的投機取巧，給他們一點顏色看看。

很不幸的，我的期待都落空了，這兩個人都很靈巧，很會隱藏自己的動機，因此我的主管對他們也毫無所覺，沒有任何行動，他們當然也不會從我眼前忽然消失。我每天都痛苦不堪，看到他們都想吐！

我痛苦，可是我什麼事也不能做，當時我做的事是我喜歡的，工作環境也不錯，跟整體工作環境比較起來，這兩個人的問題了不起只是癬疥之疾，我不可能因為這兩個人放棄工作，只好持續忍耐下去。

為了要忍耐，我只好尋找不同的對待方式。我盡可能忘了他們的存在，平常盡量眼不見為淨，就算一起開會，也盡可能不要去想他們的缺點，把所有精神放在工作上，設法忘了他們的存在。

就這樣，久而久之，我慢慢習慣他們的存在，也慢慢習慣他們的作為，我甚至告訴自己：一種米養百種人，什麼人都存在，人在江湖，就會遇到各種人，我趕不走他們，就要能與之相處。

我開始改變看他們的態度，他們只是比較麻煩的人，何必要和他們過不去，倒不如忘了他們的存在，專注過我自己的日子吧！

當我改變了我自己之後，這兩個人就再也不是問題了！

後來，我又遇到一個更麻煩的人，那是很多年以前的事，這個人是我老闆，他是極愛面子的人，所有事都不懂卻要裝懂，開會時常長篇大論，講些不切實際的事。他也喜歡微管理，管完大事管小事，幾乎要抓著部屬的手做事，完全不考慮下級主管的感覺。

此外，他對下一層的主管完全不信任，經常要越過主管下指令，破壞了組織的體制，更麻煩的是，他經常會要求部屬去完成不可能完成的業績目標。

在這樣的主管底下工作，我真是煎熬，每天度日如年。我也開始認真考慮逃離現場，離開這個職場魔鬼！

可是這個工作是我喜歡的工作，整個團隊也和我有高度的默契，如果我一離開，整個團隊勢必四分五裂，我不能不為整個團隊著想。

我發覺我走不了，我不能放棄我的團隊，那我該怎麼辦呢？

我唯一能改變的就是我自己。

魔鬼老闆不會走，也不會改變，而我也不會走，如果繼續保持原狀，相看兩相厭，每天怨氣沖天，對誰都沒有好處。

我開始忍受他的長篇大論，就當是在唸經；我開始忍受他的不信任，就當是我的原罪；我開始忍受他不合理的要求，就當作考驗我的能力。

當我改變了之後，一切就海闊天空了。

後語：

❶大多數人只能選擇職場，選擇做什麼事。選擇了工作，隨之而來的是一些工作同事，同事是無法選擇的，我們只能適應，只能接受。

❷麻煩的人永遠在我們身邊，我們只能調整自己的心態，改變對他們的看法，改變自己是最佳選擇。

12 閉門謝客，徹夜未眠

社會是個大染缸，有各式各樣的人，也有各式各樣的團體，各式各樣的聚會，各式各樣的飯局，我們只能選擇參與或者離開。

可是當創業遇到困難時，我發覺應酬會影響到公司的經營，我痛下決心，閉門謝客，禁絕應酬。

三十九歲那年，我徹底領悟我不會經營管理，導致我們公司一團糟，十分混亂，我必須在最短時間內學會經營管理，才有機會逆轉我們公司的營運實況，我應該怎麼做呢？

首先我發覺我花太多時間在對外應酬，經營媒體，有許多人要和你做公關，各種飯局難免，可是飯局一多，浪費了非常多時間，也讓我沒辦法費心在公司內部經營。更麻煩的是飯局上的迎來送往，酒酣耳熱，各種奉承的話，聽在我耳裡，讓我自我感覺十分良好，完全忘了自己公司處在極度的困難中，隨時都有可能倒閉，也讓我拖慢了組織改革的腳步，沉醉在安樂祥和中。

當我發覺到應酬的問題時，就下了一個決心，決定封閉自我，閉門謝客，禁絕外來邀約應酬。剛開始還無法完全禁絕，因為有些應酬，我還會覺得有公關價值，可以增進關係，帶來有價值的採訪。這樣的思考，讓我還是參加一些應酬，所以初期我的閉門謝客策略完全失敗，有一就有二，有二就有三，我又開始沉醉在飯局中。

當我發覺到閉門謝客策略失敗後，我不得不再下一個決絕的禁令，不管有任何價值，我一概謝絕所有應酬，外界的採訪對象、親朋好友好奇的詢問，到底發生什麼事，為什麼都看不到我的蹤影，我的回答也很簡單明瞭：公司經營很困難，我必須把所有精神花在公司，我不惜把公司面臨困境的醜話公諸於世，不再偽裝表面太平。

閉門謝客是我下定決心改變經營的第一步，我改變經營的第二步是一個人，自己徹底面對所有的問題。

過去當我面對問題時，常覺得這不是我自己能解決的，總要到處想辦法尋找解決方案，如果找不著，也就把問題擺著，問題始終存在，也解決不了。

我的改變是告訴自己：所有問題都要自己面對，自己解決，不假外求，也絕不能拖延，而且我也要相信我自己絕對可以解決，天下沒有解決不了的事。

要解決問題，我只有全心全意思考，徹底解讀問題的核心，而問題通常當天無法解決，一旦過夜，我就會歷經徹夜未眠的煎熬，徹夜未眠變成我解決問題必經的過程。

我總在睡覺時的半夢半醒間，持續思考問題，持續尋求解決方案。很奇怪，有時睡夢中的思考，反而靈台更加清明，事情想得愈加透徹。我總在睡覺想清楚事情時，半夜驚醒，急急忙忙找紙筆仔細記下解決方法，以免醒來忘記！那時我的床頭總是備著筆紙，以記筆記。

透過不斷的徹夜未眠，我自學經營管理，這其間當然也不免有「試誤」的過程，不過沒關係，只要做得不好，做錯了，我總是知所檢討，只要改正，就會找到最佳解。

閉門謝客與徹夜未眠是我走出困境、學會經營管理的方法，提供給年輕的創業家參考。

後語：

❶ 應酬通常是歡樂的場合，會讓我暫時忘記公司的困境，也減緩了我們改革的腳步，所以必須禁絕。

❷ 面對公司的問題，我只能自求解決，搜盡枯腸、絞盡腦汁，經常徹夜未眠，在睡夢中仍然繼續思考，反而有時靈光乍現，瞬間找到答案。

13 一日相助，恩情永存

每個人成長的過程，都會遇到一些貴人，對這些貴人，我們最好的態度就是「受人點水，泉湧以報」，從物質回饋，到精神上真心誠意的感謝，都是我們該做的事。

一個在我創辦《商業周刊》之初，曾幫助過我的恩人，失聯許久，這些年來，我一直到處尋找，最後，終於找到了，他正好回國幾天，隨後立即又要出國，我好不容易約到他吃早點，他只有一個多小時的時間。我早早抵達餐廳等候，腦中回憶起和他相處的種種：

他是我創辦《商業周刊》時最早支持我的股東，當時我預計籌款一千兩百萬，分成十個單位，每個投資人一百二十萬，他就是其中一人。

沒想到這一千兩百萬資金不到兩年就賠光，我們只好再增資一千兩百萬，他又爽快答應了。

又過不到兩年，增資的錢又賠光了，我們再增資一千兩百萬，這時許多股東都選擇停損、不再增資，只有他二話不說，支持到底，我對他真是感激涕零，我知道這是我永遠的貴人。

之後，我們的營運仍不順利，他卻無法再增資了。我只有到處周轉借錢，偶爾遇到人願意投資，就陸續小額增資，這位股東雖沒有再繼續增資，仍始終是最支持我們的股東。

我還記得，為了表示支持，有一年他的公司訂了一百份《商業周刊》給員工及客戶，這些錢對當時飢渴的我們有極大的功能，讓我們在漫漫長夜中，能等到黎明的曙光出現。

後來《商業周刊》在歷經十年虧損之後，營運逐漸好轉，才有新投資人高價收購股票，這些原始投資人終於有機會賣股下車，我們也才能不辜負投資人長期支持的苦心。

從此之後，我一直忙於公司經營，也就與這位貴人很少聯絡，久了之後就處於失聯狀況。

直到最近幾年，我年歲變大，常常回憶起過去種種，不知不覺感到十分遺憾，這些年來，我竟從沒有機會向這位貴人說出我內心的感激和謝意，於是無所不用其極的打聽他的下落。

皇天不負苦心人，我終於從一位很少聯絡的朋友口中，打聽到他的消息，原來他早已移民國外，回台的機會並不多。

我還是不死心，聯絡上他。我告訴他要安排時間，到國外去看他。沒想到他回答，過幾個月他正好要回台灣，我們可以約在台灣見面，就這樣，我們有了早餐之約。

見面後，我們互相閒聊近況，因他年歲已大，小孩都移民國外，他也只好一起移民，這些年在國外過著含飴弄孫的日子，幾乎與台灣喪失了聯繫。

我也向他報告了近況，公司經營尚稱順利，他也很感欣慰。

最後他問我，找他有事嗎？這時候我立即正襟危坐，很誠懇的說：我沒有別的目的，只有一件事，就是要向他表示感激之意，要謝謝他在創辦《商業周刊》初期幾年的支持，沒有他的支持，我們活不到今天，這是我一輩子永難忘懷的恩情。他聽了大笑說，他只是投資，而且最後也賺了錢，要我不必在意，可是我聽得出他口中的情意，我們將是永遠的朋友。

後語：

❶我們早期的投資人，有人真心協助、不求回報，也有人斤斤計較，甚至在我們經營不善時，冷言冷語。但這些都是我們的投資人，我們都心懷感激。

❷這位投資人不求回報，他說如果想回報，就把愛傳下去，去支持年輕的創業家，去投資他們，這是我願意支持新創公司的原因。

14 不要輕賤了別人對你的好意

如果有人對我們表示善意，或者送禮，或者誇獎，我們都只能表示感謝，絕對不可因為我們不喜歡禮物，而有不滿的表示，這是不厚道的行為。

一位晚輩過年時來拜年、敘舊，我請他吃了一頓飯。

吃飯期間談起了他的工作，他在一家集團上班，做到了全公司的業務總經理，業績一向很好，也很得長官的器重。在工作上，他算是做得很好。

接著話題轉到婚姻：「有女朋友了嗎？何時結婚？」

他告訴我，現在還沒有穩定交往的女友，可是他告訴我在工作的桃花不斷！

他負責的是全公司的業務，有一個大陸經銷商，是一個女老闆，和公司往來的業務量不小，和他見過一次面之後，就不斷的表示好感，不時傳一些情文並茂的愛慕信件給他，並約他去大陸見面，並且明示、暗示，只要到大陸來，一切生意好談！

我覺得他把這件事當笑話在談，言語間他有幾分驕傲之意，有異性如此明顯對自己表示好感，是男人很有面子的事。

他又滔滔不絕的繼續說：他有寫臉書，他的臉書除了一些生活動態外，發最多的就是個人的一些文青照，他對自己的外表是有信心的。沒想到這位大陸女老闆，竟然想方設法，翻牆上了臉書追蹤他，且把他的文青照截圖，再標記各種愛慕的圖示後，重新傳給他。

有一次他去大陸出差，到了北京，這位女老闆知道了，特地老遠趕到北京與他見面，並請他吃了一頓飯，飯後還送了一盒昂貴的香水，說希望他永遠餘香繚繞！

他說了這麼多，引起了我的好奇：這位女老闆生意做得好嗎？外表長得如何？

「她生意做得很好，賺了很多錢，而且家中是富豪，她是富二代，只是她自己強調，她是白手起家，沒有拿家中的錢，自己創業成功，是個有錢的女老闆。」

她也長得不錯，乾乾淨淨，身材也不錯，才三十出頭，如果搭配我這個晚輩四十出頭的年紀正好。

如果各方面條件都不錯，你為什麼不考慮呢？

「我對她沒感覺，且對方是個大陸人，環境背景差太多！」

就這樣，他始終把這段交往當作趣聞，當作談資，也當作他彰顯男生面子的經驗。

我聽了他的說法，除了有趣之外，卻始終覺得怪怪的，這個女老闆對他是一片真情，毫無保留的表達愛慕之意，卻被他拿來當笑話講，如果被對方知道了，將做何感想呢？

我很認真的告誡晚輩：你可以委婉的拒絕對方的好意，而且要明確告知。但不應該是在若有似無之間，持續讓對方以為有希望，繼續對你表達愛意。更不應該的是，你不該把這件事當成笑話講，這無疑是把別人的真心，輕賤的踩在地上。

男人愛面子，有人愛慕，在心中高興就好，千萬不要拿來說嘴，這樣會輕賤了別人對我們的好意，這是不厚道的。

後語：

感情是最纖細的感受，牽涉到兩個人的互動，如果兩情相悅，固然很好，但如果不合，互相迴避即可，不該拿來說嘴，這對當事人極不公平。

15 寧人負我，我不負人

對出版社而言，作者是出版社的衣食父母，儘管彼此的互動都有合約為依據，但如果發生衝突，真的能夠在法庭相見嗎？不與作者打官司，是我的原則，寧可作者負我，我不負作者。

一個總統級的政治人物，在正當權時與我們簽訂了一本書的出版合約，我們也付了五十萬預付版權金，但後來因原來的出版計畫更動，書的出版也就拖延下來。後來他卸任，麻煩的是，他卸任後卻官司纏身，書就更不可能出版了，就此拖延多年。他的代表人忽然想起此事，來詢問是否須退還預付版權金，我想了想，回說：不用，等以後再說吧！我心裡的話是：我很樂意有總統級的人，與我們有出版合約。

一位名嘴，也是作家，有一次來提案，要撰寫一個世界知名學者的傳記，並擬了龐大的撰寫計畫，要追隨這位學者的成長腳步，在全世界採訪，所以需要鉅額採訪費用，要我們用預付版稅的方式，先付採訪金三十萬元。當時這位諾貝爾級的學者在台灣名望如日中天，傳記如能出版，應可大賣，有鑑於此，我們也就同意了此一出版計畫，也預付了三十萬。可是這位名嘴作家拿了錢後，卻始終沒有任何動靜，我們一再追問，他總是敷衍，到最後完全不理不睬，我們嘗試要他退回預付金，也沒有下文，這事我們公司變成冤大頭。

又有另一位知名人氣作家，在許多出版社出了許多書，銷售情況都不錯，我們的編輯找到他，與他簽了一本書的合約。因為他聲名在外，也要求鉅額的預付金三十萬，我們也同意了，並簽訂寫作計畫，要求他試寫幾篇稿子，讓我們看看。

簽了合約後，他也試寫了幾篇，但和我們當時談定的寫作內容有相當大的落差，我們嘗試要他修正，從此他就拒絕處理，不理不睬。隔了一段時間，我們要求他解約，並退回預付金，他完全不理，就當作沒這回事。事後我們在公眾場合也會碰面，他也毫無歉意，談笑風生，讓我見識到一個臉皮厚的人。

這三個案例，有一個共同點：我們都簽了合約，但對方就是不履行，導致我們變吃虧的一方，但我們的選擇都是放下法律允許的追訴行動，不了了之。

我的同事告訴我，我們可以上法院打官司，把錢追回來，以免我們出版社像呆子一般。我的法務同仁也主張可以訴諸法律，但我始終不同意。

我的理由是：作者是我們的衣食父母，應該把他們捧在手掌心呵護著，就算他們違反了合約，我們也只能理性溝通，斷不能司法相向，如果市場上大家知道，我們會和作者打官司，那還有人敢和我們簽約嗎？

我的原則是，寧可作者負我，但我們絕不負作者，這是我們經營出版社的原則，作為台灣最大的出版集團，我們絕不負作者，也不與作者司法相見。

這也是我一生做人處世的原則，我只問自己做了什麼？有沒有對不起別人的事？有沒有違反人情義理？我不問別人做什麼，就算別人做了對不起我的事，也一笑置之，我認為老天自有回報，不需要我動手。

後語：

❶我們公司做任何事，都要有合約保障，但是我們極少與人在法庭相見，通常只有被動防禦，極少主動攻擊。好聚好散，通常是我們的政策。

❷我不主動報復對不起我的人，我認為老天有眼，自有回報。

16 雖千萬人吾往矣！

每一個人都要有「雖千萬人吾往矣」的氣派。當我們做對的事，當我們做大家都看不懂的大事，這時候我們會面臨所有人的反對壓力，我們反求諸己後，確定自己是對的，那我們只能「雖千萬人吾往矣」。

回顧公司這數十年的成長，如果要選擇一件影響公司的重大事件，那二〇〇四年公司導入ＥＲＰ是最重要的一役。

從二〇〇〇年開始，我們公司就在想如何系統化、標準化，要用最先進的方法來改變紊亂不堪的流程，以提升效率。到二〇〇二年，我們正式考慮導入ＥＲＰ，經過仔細選擇，我們決定使用甲骨文（Oracle）的系統，而且為有效提升效率，我們選擇一次導入十個模組，從最前端的成本搜集到最後的財務系統，幾年內要把公司中每一個角落都徹底翻覆，這是一個極複雜且浩大的工程。

當時我身為執行長，我下了這個導入ERP的決定，全公司沒有人敢公開反對，但是私底下我心裡明白，公司中沒有人真心贊成，頂多是心中懷疑，只是沒有公開反對而已。

公司中有一個人既不反對，也不贊成，他就是董事長，他默默的看我下達推動的指令，不作聲，讓我繼續往前走，這就是我在公司中最大的支持。

有一次在公司附近的餐廳吃飯，我坐在包廂裡，可是我聽到大廳中滿滿的同事熱烈的在討論ERP的事，所有人都義憤填膺，大罵執行長（我）為什麼會做這個糊塗的決定，他們都認為我們是內容產業，怎麼會去導入零售業以及工廠才適用的系統呢？

他們覺得奇怪，我一向英明，很少做錯決策，但這一次為什麼這麼離譜。

這就是我當時的情境，我的老闆默不作聲，任由我放手做，但全公司的人多數是質疑反對的，只是不敢正面反對。

但也有少數人正面提出反對意見，其中還有我極信賴的部屬，私下向我提出建言，希望我三思而行，不要孟浪而為。

我承受了極大的壓力，我正在與全公司的所有人為敵。

我不得不退回原點，仔細思考這件事情是否正確？我首先想的是：這是正確的事嗎？

我們公司確實流程混亂，師徒式的傳承制度，讓每一個工作者的工作方法都不一樣，經常犯錯，成本虛增，我們確實需要流程改造，來讓系統標準化，以提升效率。而ERP確實可以讓公司達成流程改造的效果。所以這是正確的事。

我其次想到的是，ERP的導入能順利執行嗎？我們的顧問公司告訴我，我們一次導入十個模組，把全公司都攪動了，這確實會有極大的風險，導入可能失敗。

聽到這句話，我知道問題在哪裡了！我不再思考導入的對錯，而是全力確保導入的成功。

我下了決心，就算全公司的人都不贊成，也要推動到底，絕不退縮，雖千萬人吾往矣！

與全公司人為敵，這當然是極端的狀況，但是身為領導者，我們也要有這樣的魄力，只要確認自己是對的，就要下決心做到底。

後語：

❶我的一生中，有許多義無反顧、勇往直前的案例。當記者、從《中國時報》辭職，都面臨家人的反對，創辦《商業周刊》、《PChome電腦家庭》也都面對同事、朋友的質疑，但我都勇往直前。

❷不曾勇往直前的人，就是你從沒有做過重大的決定。

17 我的五個導師

每個人一生都有無數的老師：「三人行必有我師」，代表處處可學習，人人可以是自己的老師。而這些老師中，總有幾位是我們銘記一生、受用不盡的老師，我們要永遠感恩、時時警醒。

在工作與創業上，我這一生有五個導師，分別給了我非常深刻的體會，讓我在迷惑時，能瞬間豁然開朗。

我的第一位老師是趙耀東，他教我經營企業的基本概念。遇到他時，他是經濟部長，有次談起中鋼建廠，他說他要求所有同事全力以赴把建廠時間縮短一年，這是他的重要貢獻。我問：建廠縮短很重要嗎？他回答：當然重要，時間就是金錢，早開工，早投入生產，早賺錢；利息少了，一切都省了，我學會企業經營就是和時間賽跑。

後來我告訴他我和幾個朋友創業，他一聽不斷搖頭，說合夥生意難做啊，然後寫了張字條，「大家要有共同理想，才能永遠合作」，他說拿回去給合夥人看，要吵架就看這一張。

我的第二個老師是前經濟部次長李模，他是一個認真且多才的人。他說抗戰期間他是流亡學生，一個人兼了七個人的工作，他樂在工作，覺得能做事真好，有薪水拿，又可以學到本事，這是「拿別人給的薪水，學自己的本事」，他教給我一生受用不盡的人生工作態度。

我的第三個導師是辜振甫，當時我當記者，常有機會採訪他，他總是不疾不徐，他說話文采風流，充滿哲理，從不說重話，任何新聞事件到他手中，都是輕舟已過萬重山。當時我覺得他真是溫文儒雅，我也嘗試學習，只是我這一輩子，都沒學會。

我的第四個老師是王永慶，我有無數次採訪他的經驗，那個時代，他動不動給政府上萬言書，對政策有獨特看法，他的看法，我未必同意，但我十分佩服他的憂國憂民。

我從他身上學會追根究柢的精神，他談起經營管理，一切問題都徹底追蹤，直到找到核心並有效解決。我還記得當時台塑的阿嬤在頂樓種菜，也發揮追根究柢的態度把菜種好，一時傳為美談。

當時的台塑也把追根究柢的精神變成企業文化，公司要極大規模化、效率化。在他身上我學到追根究柢的精神。

我的第五個導師是聲寶公司創辦人陳茂榜，還記得每次採訪他，他都會考我許多數字題：世界人口有多少？地球一圈幾公里？然後他就會如數家珍的說出數字，而且講出小數點。經營上的數字他更在行，每個月做多少生意？公司有多少人？每個月賺多少錢？他都朗朗上口，腦筋清楚得不得了，他告訴我經營企業，就是要靠數字。從他身上我學會數字管理。

這五個是數得出來的導師，我的一生還有無數老師，有的人是一篇文章啟發我，有的人是一句話點醒我，有的人是用他做事的方法教育我，我身邊的所有人都能讓我學習，相遇都可能是導師。

後語：

❶趙耀東是個敢作敢當的生意人，我從他身上學到了生意的決斷。李模是個溫文儒雅的君子，也是個能幹的才子，我學到了許多做事的方法。

❷辜振甫、王永慶、陳茂榜都是令人懷念的企業家，他們在台灣經濟發展的草創初期，都做出了極大的貢獻。

第三章

待人處世

結緣、謙虛、留餘地

人活在世，免不了與人相處，相處最重要的事，就是與人結善緣，結善緣重在與人為善、凡事為人留餘地，力不要使絕、勢不要用盡，大家好來好去、好聚好散。

如果我們能力不強，謙虛可以隱藏我們的弱點；如果我們能力很強，謙虛可以讓我們得到好人緣，得道者多助。

做任何事都要留餘地，給別人留一點空間，說話也要留餘地，不要把話說絕了，在盛怒之下，最好的回應就是閉嘴，把話吞回去。

18 小事大度，大事絕情

人是理性的，對任何事都會做出對自己最有利的決定，對大多數的事情都斤斤計較，當計較習慣了之後，就很難大方。

小事大度的意思，就是對生活周遭的小事要大方對待，要給人留餘地：菜市場買菜不要殺價、坐計程車零頭給小費、對別人犯的小錯也要原諒……

我們初中同學有個LINE群組，以互通訊息，其中有一個同學非常熱情，每天都會有許多貼文，或是分享日常生活瑣事，或分享一些人生智慧，三不五時就會有十分發人深省的智慧話語，讓我感受甚深。

這位同學最近分享了一則智慧語錄，他說：人過了五十歲，就要看開一切，對小事要大度，但對大事要絕情。他並沒有太多說明，但是看在我眼中，卻感受深刻，這正是我五十歲以後的人生原則。

對小事要大度，這比較容易解釋，對我身邊所接觸到的人，盡量要大方對待，如果他們有犯錯，也要大方原諒。

我坐計程車，五十元以下的找零，一律變成小費。我知道他們開了一天車，可能只有幾千元收入，每天賺不了幾個錢。我去剪頭髮，工資四百元，我一向拿五百元，不找錢，我知道美容院老闆很辛苦，一天沒幾個客人，還有小孩要養。幫我洗車的婦人，非常認真，洗得非常乾淨，每年到春節，我總要加給一個月的洗車費，當作過年的紅包。

開車時，遇到紅綠燈停下來，馬路上玉蘭花的賣花人走過來，我總要叫住他們，買五十元的玉蘭花，我知道他們在路上賣花，又辛苦、又危險，一天下來賺不到幾個錢。

在路上，遇到身障的乞討人士，我一定把身上零錢都給了，但是四肢健全的，我就不給了。

有一次，在路上遇到一個修行人士，捧了一個鉢，跪在太陽下化緣，我已經走過去了，卻專程繞回來，給了一百元，他下跪的誠意，讓我十分感動。

我對身邊所遭遇的人，都盡量大方一些，對他們好一些，對我而言，並無太大的損失，希望讓他們體會到一些溫暖，日子也會好過一些。

我對身邊的人犯的錯，也盡可能一笑置之。我的祕書是很幹練的熟手，總是能夠很順當的工作，但是她的小助理，有時常常少根筋，偶爾會犯些小錯，剛開始我很在意，但後來我會笑著提醒改正，事情也就過了。

去餐廳吃飯時，如果服務人員上錯菜或打翻碗盤，我年輕的時候會很生氣，甚至會疾言厲色罵人，但現在反而會安慰他們，只要設法補救，就好了。我對所有的小錯，也開始大度起來。

對大事絕情，則是另一種解釋。何謂大事？公司的事、組織的事，都是大事。影響深遠，會導致重大損失的事，是大事。而絕情是什麼意思？絕情就是要杜絕感情用事，一切都要理性分析、理性思考，做最合理、最正確的決定。

專業經理人都是資本主的代理人，要替資本主經營公司，因此所有公司的事都是大事，必須審慎小心。而人會犯錯，通常都是因為感情用事，所以遇公事、遇大事，都要理性、都要絕情。

小事大度，大事絕情，是我相信的事。

後語：

❶大事絕情，首先要分辨何者為大事？公眾的事、公司的事、受別人所託的事，都是大事，都要絕對認真、理性的辦理，不可隨興。

❷大事就算會損害自己的利益，也不可猶豫、手軟，該怎麼做就要去做。

19 人不是非黑即白

好人做的未必都是好事，壞人也不全然都做壞事。在歷經多次的錯誤判斷之後，我逐漸破除對人先入為主的成見，不要用好壞來分類，要觀察其所作所為來判斷是非。

在職場上，我遇過一個非常麻煩的同事，凡事推諉，完全不負責任，遇到好的差事，他又努力爭取，經常給他搶到好的工作。在我的眼中，他是一個不折不扣的「壞人」，我很討厭他，盡量避免和他一起工作。

有一次我負責一個專案，這是件困難的任務，我在爭取客戶時遇到麻煩，無法找到足夠的客戶，導致業績不足。正當我憂心忡忡時，這位「壞人」主動來找我，告訴我，他認識一個客戶可能對這個專案有興趣，願意協助我爭取。我一方面十分吃驚，也喜出望外，最後在他的協助下，我順利談成這個生意。

事後我問他：為什麼願意幫我的忙呢？他說：他覺得這個客戶應該需要這個專案，而且他很欣賞我的個性，所以願意幫我的忙。

經過這次經驗，我得到一個清楚的結論：看人不是非黑即白，壞人也會做好事。

我們曾在大陸有一個合作案子，由我們出既成的內容，然後由大陸合作方將內容出成雜誌，並負責營運。合作非常成功，年年都獲利，金額雖然不大，但我很慶幸找到一個誠信且能力強的夥伴。可是幾年後營運狀況逆轉，出現微幅虧損。經過我們仔細了解，發覺合作方虛報了許多費用，才導致虧損。我很納悶原本十分誠信的人，為什麼會做這種事呢？原來合作方自己的生意虧損，才不得已出此下策，把部分的支出報到我們合作的專案。

我又得到另一個結論：好人在處境艱難時，也會做出違反誠信的行為。

這兩個案例告訴我們：人不是非黑即白，沒有絕對的好人，也沒有絕對的壞人。世俗眼中的好人，通常指的是在一般情況下，他們做出好的事，做出對別人好的事，誠懇、講信重義，但也不能保證他永遠都做好的事，也不能確定他永遠禁得起考驗。

同理，世俗眼中的壞人，指的也是他一般做的都是壞事，但不知道他什麼時候會良心發現，忽然做出良善的事來，壞人有時候也會做出好事。

黑白是兩個極端，好壞也是二元對立，在二元對立的極端之間，存在的是一個光譜，從左邊的百分之百黑，逐漸變淡，直到中間變成灰色，然後向右加速變淡，逐漸變白，一直到最右邊，變成百分之百的白。

黑與白，存在的是百分比，七〇％的黑，代表也有三〇％的白；同樣的道理，好與壞，也是光譜，也是百分比，沒有人是絕對好或壞，沒有人是二元對立的非黑即白。

隨著歲月增長，我已經從年輕時看人的黑白分明，好壞對立，變成沒有絕對的好人與壞人，只會就事論事，不會一竿子打翻一船人。

後語：

這是一個黑白分明、二元對立的社會，但所有的事情並不是非黑即白，而是一個黑白的光譜，在白中帶幾分黑，在黑中帶幾分白，所有的東西都是百分比。

20 RIMOWA行李箱的命運

謙虛走遍天下，傲慢寸步難行。每個人都喜歡謙虛的人、討厭傲慢的人。能幹的人、當主管的人，尤其不能傲慢，傲慢會在不知不覺中引來很多敵人，增加做人處世的困難。

一個非常能幹的年輕人，被我賦予重任，升成業務副總經理，整合了兩個業務部門，近五十個人，完全由他一併管理。我對他有極高的期待，希望他能突破業務瓶頸，為我們公司開創一番新局。

對這樣一個新上任的高級主管，公司的內勤部門自是小心服務，公司的人資捧著他全部門的人事檔案，問他要不要仔細了解每一個人的薪資結構，以及過往的升遷紀錄。

沒想到這個主管十分沒有耐性，隨手翻了幾頁，就盛氣凌人的問人資，「這麼複雜的資料，我怎麼看啊？」「你不會在組織表上，把每一個人的薪資填上去，這樣子我才能一目瞭然啊？」

人資因為從未遇過如此官威逼人的主管，不知如何以對。從此以後，這位業務主管與人資之間就種下了心結。

我聽說了這個故事，就約這位年輕的業務主管吃飯，我講了一個RIMOWA行李箱的故事。

我的一個朋友是RIMOWA行李箱的愛用者，前後用過好幾個RIMOWA的行李箱，他說RIMOWA行李箱一向以堅固耐用見長，可是他的RIMOWA行李箱卻總是很快就摔壞了。他很納悶，有一次遇到航空界的朋友就講到此事，這位航空界朋友說了一個不為人知的祕密。因為RIMOWA一向以堅固出名，因此機場搬行李的工人就特別喜歡摔RIMOWA的行李箱，看看它有多麼耐摔，就這樣，再堅固的行李箱，也禁不起一再的摔，當然就不太耐用了！

我告訴這位年輕的業務主管，能幹的人就是RIMOWA的行李箱，能力聲名在外，大家都知道你很厲害，也很佩服你。可是你的態度就很重要了，會決定別人是要幫助你，還是要給你難堪？

如果能幹的人喜歡擺譜，架子很大，又喜歡耍官威，弄得和你接觸的人都很不舒服，大家會怎麼待你呢？

每個人都會想看你的好戲：你不是能力很強嗎？看你能做出什麼好成績？就是因為你能力強，你也不需要大家幫忙，大家都會在一旁袖手旁觀，甚至當你偶爾犯錯時，有人還會落井下石，原因就是因為你脾氣不好，架子大，無意中你樹立了許多敵人，而很少朋友。

我告訴這位年輕的高階主管：越能幹的人，要越謙虛，職位越高的人，要姿態越低。謙虛才能贏得好人緣，獲得好印象，也才會得到大家的幫助，一個人一旦能力強，又有好人緣，又得道者多助，當然一切一帆風順，無往不利。

職位高的人最忌耍官威，官威會讓人心生怨恨，敢怒而不敢言，輕者消極配合，重則含恨報復，職位高者，請遠離官威吧！

後語：

❶RIMOWA行李箱的故事，在航空界、旅行業流傳甚廣，可能真有其事，這家公司一定沒想到他們訴求的品牌特色，竟然成為大家挑戰的理由，但這也是沒辦法的事。

❷能幹的人最忌恃才傲物，當你自以為能幹，就代表別人不需要幫你忙，有時還會刻意扯你後腿，不可不慎。

21 哥、姊不是你可以隨便叫的！

人在江湖，對人的稱呼是一門大學問，稱「先生」、「小姐」是常態，稱「董事長」、「總經理」、「副總」的頭銜，也是多數人的習慣，但是有時想要表現親密的「哥」、「姊」，這種稱呼就要小心謹慎。

我的一個朋友，她也是我們公司的客戶，打電話向我抱怨，說我們的一個業務代表去拜訪她，竟用「姊」稱呼她，讓她覺得很不爽，一來彼此並不熟，還稱呼得這麼親熱；再者她還是個總經理，這樣稱呼太沒禮貌，她提醒我要好好教育業務代表，以免破壞公司形象。

我對她的抱怨，欣然接受，我也很討厭別人用不恰當的稱呼問候我。年輕時，我當記者常參加各種飯局，到了應酬場合，服務人員前一句「何董」，後一句「何董」，我明明不是董事長，叫得我渾身不自在，我非常不習慣這種奉承式的迎來送往的稱呼。

後來我出門買東西，碰到服務人員，也刻意取悅我，稱呼我為「大哥」，這個稱呼我也十分不習慣，明明我已經滿頭白髮，年紀很大，而他們也不過二、三十歲，與我稱兄道弟，這也十分不相稱。一般而言，我都會提醒他們，我年紀已經不小，不要叫我大哥，我會很不習慣，稱呼我一聲「何先生」也可。

台灣社會在公眾場合，習慣以「哥、姊」稱呼所遇到的人，這已變成常態。其原因可能是大家都希望自己看起來年輕，所以不論對方年紀多大，都一律以「哥、姊」相稱，以符合大家的期待。另一個原因是以「哥、姊」相稱，彼此顯得比較親近，大家像自己人，有話好商量。

可是也並不是一律用「哥、姊」相稱，都萬無一失。像我這樣的人，一方面是年紀大，一方面也不習慣阿諛的稱呼，所以用「哥」稱呼我，我就不習慣。

再如我的朋友，因為貴為總經理，遇到來訪的業務代表，開口就以「姊」相稱，好像彼此很熟，她一方面不習慣，一方面又覺得不被尊重，所以才會生氣，並向我抱怨。

所以在社會上，「哥、姊」絕對不是隨便可以稱呼的。

其實在公開場合的稱呼，也有一套規矩，不可不慎。

最安全的稱呼有幾種：第一種是以姓氏起頭，連著頭銜的稱呼。例如：王董事長、李總經理、陳副總等等，這是在公眾場合最正式的稱呼。

第二種是以先生稱之：例如何先生等，但如果對方是女士，由於現在社會上大家不習慣以女士相稱，再加上女士最忌諱被稱老，所以一遇到女士，一律以小姐稱之，這也是不得罪人的稱呼。

而如果要顯示親近，尺度一定要拿捏精準，一定要和對方熟悉到了相當的程度，才可以「哥、姊」稱之，切記不可不熟裝熟，冒昧的稱呼「哥、姊」，反而得罪人。

至於公司中，一樣不可以稱呼「哥、姊」，尤其對上級長官更應保持距離，也保持尊重，稱呼「哥、姊」，很可能會引起不良的後果。

後語：

❶風月場合，不管你是不是「董事長」，遇人一律稱「董」，已經變成習慣。

❷商場上稱呼頭銜，再加上姓氏，最合適。

❸稱呼最忌以疏為親，不夠親近，不稱哥姊。

22 醜話要先講明白

人與人相處，大家都會害怕破壞關係，以至於很多該講的話都不敢說出口，因而浪費了時間，也多了許多溝通成本。

我的習慣是，談判、溝通的時候，我通常會把醜話先講明白，讓雙方都清楚溝通的底線，以免麻煩。

許久許久以前，中國知名導演張藝謀透過友人介紹找到我，說想出一本書，想聽聽看我們的意見。

當時是流行歌曲的全盛時期，歌星一捲錄音帶，動輒銷售上百萬，那是流行音樂的美好年代。但是出版就不可同日而語，一本書能賣幾萬本，就是邀天之幸。

所以當張大導演說想出書時，我心中想的是他的期待有多高啊？如果他想的是錄音帶百萬捲的銷售，那這是我們捧不起的飯碗。就算他想的是超級暢銷書、幾十萬本的銷量，也是我們沒有把握做到的事。

想完這些事，我決定把醜話講在前面，先確定他的期待是可行的，我才會願意談下去。

我先問：張大導演，你想出書，目的何在啊？他回我，這是什麼意思？我回他：一般而言，出書的目的不是為名，就是為利。為名就是出了一本誠意很高，具有理想色彩的書，人人叫好，就可以有好名聲，這是為名。另外就是出了一本大暢銷的書，洛陽紙貴，人人皆知，有鉅額的版稅可拿，有利可圖，這是為利，請問您是為名還是為利？

張大導演說：我是兩者兼具，為名為利我都不排除。

我說好，那我可以進一步說明：如果為名，我們一定做得到，可以把書做得高雅，有理想，只要花精神就可以了。可是如果是為利，那我們就沒把握了，現在台灣的出版市場能賣三萬本就是暢銷書，要想超過十萬本那是可遇而不可求，以您的書如果賣三萬本而言，您的版稅收入也不過一百餘萬而已，您有興趣嗎？

他聽了之後，又和我談了一下台灣出版市場的現況，我告訴他，出版是理想的志業，比較不是好賺的生意，更不像當時的唱片業，動輒百萬張的驚人銷售，要出書不可有過高的期待！

張大導演回答我，他理解了，他會回去再仔細思考，如果有進一步想法，再找我們繼續談。

見面就此結束，之後張大導演就再也沒有理我了。

這是一個極經典的案例，與任何人溝通、談判，如果有一些關鍵性的障礙沒有突破，千萬不要為了表面的和諧，持續天馬行空的溝通交流，最後終究會卡在這些關鍵性的爭議而破局，不但浪費時間，也引發誤解。

如果張大導演對出書存在浪漫的想像，以為能賣幾十萬本，甚至百萬本，而這件事是我們出版社做不到的事，我們如果都不說明，貿然合作，最後一定是吵架、抱怨。所以我一見面第一步就是要確定對方的期待，讓他不要有不正確的期待，我寧可醜話說在前面，就算合作破局，這也是理所當然之事。

許多人面對談判，因為怕得罪對方，也害怕破局，因此老是把一些關鍵性的障礙或衝突隱藏起來，避免去談，總要到最後才圖窮匕首見，最終也難免破局，或以不愉快收場。

我習慣先把醜話講明白，以免浪費時間，也避免爭執。

後語：

❶張藝謀的故事，是我的親身體驗。我當然很想出他的書，但是與其合作了之後，沒有達到他期待的結果，導致不歡而散，我選擇事先把話說明

白，以免雙方有不正確的期待。

❷寧可破局，不要迂迴繞圈子。

23 我做的事不值這個頭銜嗎？

自己的權益要自己勇於爭取，但爭取的時候要口氣委婉、過程文雅、立場堅定，而且要清楚的陳述事實、提出證據，才會得到好的結果。

一個小女生在大陸工作遭遇委屈，公司原來答應的薪水及頭銜都沒做到，她不願屈就，在網路上和我聯繫，她明天要和公司談判，問我該如何處理？

我說，就把妳所做的事說清楚，據理力爭吧，如果他們不講理，那就回台灣來吧！不要委屈了自己。

過了幾天後，這位小女生沒消沒息，我忍不住用通訊軟體問，她回覆：

「哦！沒事了，他們都按照我的要求做了。」

我有些意外，追問：那妳是怎麼做的？

「我就把半年多來，所做的事，一項項整理好，放在桌上，告訴他們，這就是我做的事，然後問他們一句話，我做了這麼多事，難道不值得這個頭銜，不值得領這些錢嗎？」

「他們看了就沒再多說，完全答應了我的要求，甚至連大陸同事的待遇也一起調了，大陸同事不敢說話，因為我連他們的權益也一起爭取了！」

聽了這個劇情，我只能說：真是好樣的！我只要她據理力爭，沒想到她力爭得如此徹底！

她做到的第一步是讓證據說話，把所做的每件事都變成具體證據，一切白紙黑字，當一切用書面資料呈現時，就是無可否認的事實，令人印象深刻。

她做的第二件事是：再加上簡明扼要的口頭說明。因為書面資料已足夠完整，且讓人印象深刻，因此她的說明只要提綱挈領的加強一下，不太需要冗長的口頭說明。

她做的第三件事是一句不卑不亢的反問：我不值得這個頭銜嗎？我不值這個薪水嗎？

當對方看到證據，都覺得對不起當事人時，當事人再加一句略帶哀怨、略帶請求，也略帶反諷的話，這正如寶劍出鞘，一劍穿心，直攻對方弱點，其結果當然就是對方豎白旗投降了！整個談判過程如水銀瀉地、一氣呵成，得到想要的結果。

當自己覺得受到委屈，想要為自己爭取應有的權益時，絕對不可以因委屈而帶著情緒，而導致過於激烈的反應。

所有的談判，結果都是基於證據與道理，因此談判過程永遠都在講證據與道理。前面小女生的經驗，就是她很清楚的陳述了證據，所以得到好的結果，因此談判過程最重要的，就是要理性陳述證據與道理。

可是一個人如果因為受到委屈，自覺受到不公平對待，那就會充滿哀怨的情緒；當一個人被負面情緒占滿時，絕對無法理性陳述正確的意見。因此控制自己的情緒，變成談判時非常重要的關鍵。

除了控制情緒，談判姿態也很重要，要避免高姿態的談判法。高姿態容易激起對方的對抗心及戰鬥意識，當對方因你的高姿態，而全力以赴談判時，通常會出現「火車對撞」、玉石俱焚的結果。「我做的事不值這個頭銜嗎？」這樣委婉的反問句，是最恰當的談判姿態。

後語：

❶大陸是一個非常現實的地方，弱肉強食是常態，在大陸工作如果不知道或不會爭取自己的權益，通常會吃虧。

❷在爭取權益的過程中，要講究證據與道理，證據搜集齊全、道理說明清楚，並避免情緒化的話語，就容易成功。

24 我可能是錯的

每一個人對事情都有看法，而且會覺得自己的看法是正確的。一旦別人有不同的看法，難免就會引起爭辯。但客觀來說，爭辯的雙方總有一方是對的，而不要堅持自己是對的，可能是最安全的態度。

我年輕時有一個朋友，開了一台Acura兩門跑車，紅色的外貌，非常拉風。那時我們時興打高爾夫球，我們經常坐著這輛車去打球，這車不是我的，但我覺得我對這輛車熟悉得不得了。

很多年後，我與另一個朋友談起車子，他談到Acura是本田汽車的品牌，我不知為什麼有一個錯誤的印象，以為Acura是豐田的品牌，於是糾正他，沒想到他堅持他沒有錯，兩人爭執不下，鬧得不太愉快。當時是還沒有Google的時代，否則即刻上網，真相就出來了。

事後，我仔細確認，我知道自己錯了，而我竟然和朋友爭吵，堅持自己是對的。我打了電話給朋友道歉，大家一笑置之，一場風波就過了。

可是這件事給了我很大的提醒：兩個人意見不同，一定有一個人是錯的，而錯的不一定是對方，也極可能是自己，所以千萬不要堅持己見，盡量不要引發爭辯，因為極可能錯的是自己。

我很慶幸：Acura是哪家公司的品牌，是無關緊要的小事，我錯了只要道歉就了事。但如果是重要的、影響深遠的事，而我竟然錯了，而我也堅持錯誤的想法，不就是聚鐵九州，鑄成大錯了嗎？

有了這次經驗，我開始告訴自己：我可能是錯的，我要隨時告誡自己，不要堅持己見，要虛心一點，為自己可能犯錯保留一點餘地。

有這樣的體悟，還是不夠的。那時我正與另一個夥伴合夥創業。我們兩人個性南轅北轍，他浪漫，我務實；他才氣縱橫，我能力有限，只做自己會做的；他有時樂觀，我有時保守，對事情的看法常常不一樣。很不幸的，以事情的結果論來看，有時候是他對，有時候是我對，所以當我們兩個人的看法不一致時，那就有好戲看了。

我們經常爭吵不休，針鋒相對。

我那時不是已經有體悟：我可能是錯的？那為什麼還會爭吵呢？問題就出在這：我會自我反省，我假設自己可能是錯的，用這個角度去看事情，嘗試去找出自己可能是錯的道理和原因，可是在我僵固的思維邏輯中，我無法推演出我可能是錯的結論，於是乎我的爭吵就更加劇烈。

光是有「我可能是錯的」的體悟，仍然不夠，我需要進一步的做法，才能擱置爭議。

我的進一步做法是：向對方表明，彼此都有可能是錯的，在真理未明之前，是否可以先暫時凍結爭議，各自回去思考，並尋找新的證據，然後擇期再議。

擇期再議的做法，有助於讓雙方冷靜，讓真理能呈現。而「我可能錯了」則是避免爭議的開始。

後語：

❶每一個人都會有「確認偏誤」，對許多事情有先入為主的既成印象，這些印象會影響自己的判斷，陷入錯誤。

❷所以提醒自己「我可能是錯的」，是最正確的態度。面對再有把握的事，也要保持「可能有錯」的態度，才是最正確的想法。

25 不管多生氣，千萬別把話說絕了！

在生氣的時候、被激怒的時候、爭吵的時候，大多數人都可能口不擇言，說出不該講的話。但不論如何情緒化，一定要有說話的底線，就是絕對不可以把話說絕了。

有一次，一位非常能幹、戰功彪炳的得力部屬，為了一個專案的執行和我有了不同意見，他認為應該立即快速投入，趁競爭對手還來不及反應時，盡快把市場拿下來。可是我認為這個專案動支金額龐大，風險甚高，成功的把握度不高，所以認為應再仔細評估，等一切都通透後再做，不急著投入。

對此他非常生氣，覺得我當斷不斷，反受其亂，只會喪失商機，因而與我有了極激烈的爭執，但我仍然堅持小心謹慎的做法。最後他拍了桌子，對我說：「如果你要這樣做，那我退出這個專案，老闆你找別人來做吧！」然後掉頭走人。

面對這種狀況，我也氣急攻心，衝口而出：「你走了，就不要在公司待了，就不要回來了！」可是他真的頭也不回的走了，留下一臉愕然的我。

我開始冷靜思考，萬一他真的不回來，從此離開公司，我真的要趕他走嗎？當然不是，他是我非常能幹的得力戰將，無役不與，我對他仰賴很深，如果他真的離開，將是公司很大的損失，我絕對不希望他離開。

但我卻在情急之下，氣急攻心，說出了不要回來的話，我竟把話說絕了，使雙方走上絕路。

我趕緊去做事後的補救工作，找他的好朋友、好同事，去探他的口風，看他怎麼做。沒想到他真的開始打包辦公用品，真的準備離職。他是一個個性鮮明，非常有自信，且愛面子的人，禁不起我當面趕他走的侮辱。我趕緊讓同事去勸他，告訴他我並不是真的要他走，只是因為他拍桌子了，完全不給我留情面，我才一時情急，衝口而出要他走人的話，希望他不要介意，繼續留在公司。

沒想到他脾氣非常硬，他說：走人是我說的，如果要留人，他也要聽我親口說才算數。他擺明了要我收回我說的話，要我改變主意。

我也是一個非常有個性的人，我能收回我說的話嗎？我再三衡量，我把話說絕了，逼走我一個核心戰將，看起來我是做錯了，既然做錯了，為什麼就不能改呢？我下決心要向他道歉。

我約了他談話，說明了我當時的情境，希望他別介意，繼續留在公司。聽了我的話，他也向我道歉，說他不應該先拍桌子，有了非理性，不禮貌的行為，希望我原諒。

經過了一番波折，他終於留下來了。可是我也從此得到教訓，不論在任何狀況，不論如何生氣，絕對不可以把話說絕了，一旦把話說絕了，事後就要付出很大的代價，才能扭轉，甚至可能永遠無法改變。

職場中，通常是越能幹的部屬，才會與主管起爭執，也才敢與主管有爭執，這時候雙方就要把握對事、對人的態度；義利之辨可以脣槍舌劍，宛如寇讎，但是對人絕對要把持理性，不可傷及彼此，一旦說出了傷害對方，破壞彼此關係的話，就要付出很大的代價，才能彌補。

後語：

❶什麼叫把話說絕了？傷害對方人格的話，例如：你是渾蛋、笨蛋。斷絕雙方關係的話，例如：那就離婚吧、那你就不要幹了等。

❷如果說了不該說的話，要趕快道歉，說不定還可以挽回。

第四章

生涯抉擇

志業、興趣、選擇

我們一生會有想做的事，這是興趣；我們一生也有發心要去完成的事，這是志業，志業與興趣是人一輩子生涯的核心。

我們一定要先找到興趣，如果不確定自己的興趣，那就要先投入工作，在工作中培養出興趣，當我們多嘗試幾種工作後，就會找到興趣。

我們一生中也會遇到許多次的生涯抉擇，這都是影響一生的關鍵時刻，一定要慎思熟慮，仔細選擇，要記住：選擇永遠比努力重要。

26 追尋內心的呼喚

我一生的所作所為，都是遵循自己內心的呼喚。每隔一段時間，我就會重新問我自己，我現在所做的事，是我喜歡的嗎？如果不是我喜歡的，那我真正喜歡的是什麼？然後下決心去追逐自己的想法，這樣我才會快樂。

大學畢業時，我面對找工作的十字路口，我念的是公共行政系，理論上應該要去當公務員，我的同學們也都去考了高考，紛紛進入公家機關。我因為大三時有一門課，老師是在職公務員，而他凡事小心謹慎，深怕說錯一句話，那種憂讒畏譏的態度，非常不對我的口味，我心想公務員都要這樣子嗎？那我不要當公務員，這是來自內心的呼喚，我決定到民間企業找機會。

預官退伍後，我有三個月找不到工作，每天在家中打混，有空時我就去二姊的貨運行打工，當砂石車的隨車捆工。有一天我出車回來，看見大姊在走廊上哭，我知道她心疼我大學畢業竟找不到工作，淪落當捆工。這時，我又有了來自內心的呼喚：我不能再閒在家，必須先有個工作再說。

有一天我有個高中同學到我家聊天，他在國泰人壽當保費收費員，他談起國泰人壽正在招聘壽險業務推廣的輔導員，問我要不要去試試。那時我已飢不擇食，只要有工作就好，於是報考，進了國泰人壽。這也是追尋內心的呼喚。

就在受訓的時候，《中國時報》發出了要創辦《工商時報》、招聘記者的消息，我在大學時寫文章、出刊物，文字一直是我的專長，我又聽見了內心的呼喚：我要去當記者。

我排除萬難，參加了記者考試，從筆試到口試，到錄取，我追尋內心的呼喚，成為《工商時報》創刊第一批記者。

記者的生涯，我如魚得水，每天中午出門，半夜歸來，享受了文章登在報紙上的尊榮感，我也轉戰《中國時報》，工作則從記者到廣告部主管，再轉回來當記者，最後再升到經濟組主管，掌管《中國時報》每天的經濟新聞。

最後幾年，我每天在應酬、喝酒、跑新聞、寫稿中度過，這是十分糜爛的生活，我直覺不應把青春美好的歲月，用這個方式度過，我又聽到內心的呼喚。我毅然決然遞上辭呈，告別了糜爛的日子。

我到一本月刊當總編輯，那是一個風起雲湧的大時代：一九八七年，歷經黨禁開放、報禁開放、外匯管制開放，天翻地覆的變動又啟動我內心的呼喚：我要創業，我要辦一本週刊，來回應台灣的變局。

一九八七年底，《商業周刊》創辦，開始了艱困的歲月；一九九四年，我又聽到內心的呼喚：我要重回創業的日子，我看到電腦的大學習潮，隔年《電腦家庭》雜誌創刊，我又一次回應了內心的呼喚。

每個人心中都會有想做的事，這就是我們內心的呼喚，如果我們追尋內心的呼喚，這就是忠於自我。可是我們也可能遷就現實，繼續走既成的道路，沒有回應內心的呼喚，那可能就會留下終身的遺憾。

每個人都要仔細傾聽內心的呼喚。

後語：

❶內心的呼喚，不見得都是我想做的事，有時候可能是外界（父母、師長）期待我做的事，必要的時候，我也會做外界要我做的事。

❷但是，探索自己的想望，才是真正做自己、遵循內心的呼喚，人生才會快樂。

27 把沒有興趣的事，變成一生的志業

每個人找工作，都想找到有興趣的事，但是真正能把興趣變成工作的人並不多，多數都是因為做了而變成習慣，最後再做出興趣。這是從無趣到有趣的過程，如果能把無趣的事變成一生的志業，這也是很好的結果。

退伍後，我有一、兩個月找不到工作，賦閒在家，當時我有同學在國泰人壽當收費員，他告訴我國泰人壽在招考輔導專員，問我要不要去試試看。我對保險其實沒有太大興趣，但一時沒工作就去報考、做做看。考上、受訓之後，就分發到國泰人壽松山營業處，每天都跟保險業務員在一起，給他們上課，教導保險專業知識，也陪同他們拜訪客戶。

我從對保險一無所知，變成一個略懂保險的人，我雖然做了保險的事，但一直沒有對保險產生真正的興趣。

半年之後，《工商時報》要創刊，我考上了記者，告別了保險工作，保險是我生涯空檔期暫時停駐的驛站。

記者生涯豐富而多彩，我從《工商時報》，再轉到《中國時報》，前後工作了九年。三十四歲那年，我決定出來創業，籌辦《商業周刊》，正在如火如荼的時候，我遇到了國泰人壽的老同事，他正在販賣保險業務的輔助銷售產品，生意做得還不錯。我問他，為什麼不辦一本給保險業務員的雜誌，他說這是好生意，但他不會辦雜誌。

我回答他：我會辦雜誌，而你會賣產品，我們合作不就成了?就這樣我們一起創辦了《保險行銷》雜誌。

我組了一個編輯團隊，負責編雜誌，而我自己擔任總編輯，我一方面編《商業周刊》，一方面編《保險行銷》，我同時做兩本雜誌。

《保險行銷》一做就是幾十年，從台灣辦到東南亞、香港、新加坡、馬來西亞，再跨進大陸，成為華人世界最有影響力的保險專業雜誌。而我也從親力親為的總編輯，後來交給團隊負責，變成掛名的總編輯，但我這一生從此和保險結下不解之緣。

回想這段歷程，我是因為失業，所以暫時找一個棲身之地。可是我受了三個月嚴謹的保險專業訓練，再加上半年的輔導工作，我變成專業的保險工作者，可是我始終對保險沒有產生很大的興趣，覺得我只是過客，後來我變成記者，這才是一生的真愛。

可是物換星移，九年之後我再與保險結緣，辦了一本保險專業行銷雜誌，把原來沒有興趣的事，變成一生的志業，我也真的做了一輩子，這實在是一個有趣的機緣。

每個人都追逐自己有興趣的事，但什麼是真正的興趣，這又不太容易發覺。但是人很容易因緣際會做一件事，做久了也就習慣了，也可能從沒興趣，逐漸培養出興趣，甚至變成一生的工作、一生的志業，這就是人生。

後語：

❶我對保險沒興趣，但為什麼會去辦一本保險雜誌？原因在於我也懂保險，而且覺得這是一門可做的生意，所以就決定投入，最後變成好結果。

❷剛開始我對保險沒興趣，可是做著做著，過了許多年，我也做出興趣來了。

28 誓不衣錦不還鄉

遠走他鄉不是正常的生涯規劃，通常是下了巨大決心的作為，絕對不可以走一步看一步。反而是應該要下定決心，誓不衣錦不還鄉，這是重大的人生規劃。

一個剛畢業的年輕人告訴我，他決定去澳洲闖一闖。我問他，要做什麼呢?他說：去打工賺點錢。他聽說在澳洲就算在農場打勞力工，都比在台灣賺得多。

我再問：然後呢?

「然後再看看有什麼事可做。不然也可以再申請學校、念念書，再說!」

我再問：然後呢？

「如果有可做的事，就繼續做。如果沒有，再回台灣！」

我告訴他，這是最壞的決定，青春將在他一看再看中浪費，最後他將一事無成，而如果回台灣，他將是個在國外闖蕩的失敗者，要面對所有人的異樣眼光，不論最後決定要做什麼事，都已浪費了許多時光。

年輕人不是不可以遠走他鄉，遠走他鄉也是一個可能偉大、可能成就不凡的抉擇。可是絕對不可以是走一步、看一步，更不可以萬一不行，就退回台灣。有路可退，就不可能理想高遠，前程遠大。

遠走他鄉是一個極重要的決定，重要到會決定人的一生、人的未來，而且這一生就要堅持到底，不可回頭，一旦回頭就代表當初的決定錯誤，而錯誤可能因而葬送一生！

這位年輕人為何想遠赴澳洲？應該是受了網路上流傳的澳洲打工待遇不錯的影響，去打工賺錢，順道增廣見聞，遊玩一番。他並不是為人生做一次重大的抉擇，所以也才會走一步、看一步，如果一切都不順利，那就回台灣，這是一個對自己不負責任的決定。

人生的成就都是畢生經驗的累積，每走過一步，都會是下一步的踏腳石，豐富的人生歷練，代表了可能的豐富人生。可是如果有幾年空白，經驗不可累積，這就是人生最大憾事。

出國打幾年勞力工，最後沒有成果，再回台灣重新開始，這幾年的經歷可能就是空白的，因為國外的情境與台灣大不相同，國外的工作經驗因為只是勞力工，回台灣也不可能延續，而在國外累積的人脈也從此斷絕，只能一切重新開始。

所以遠走他鄉是痛苦艱難的重要決定，一定要先想清楚。

因為在年輕時遠走他鄉，可能就代表這一生要遠離台灣，而且從此不還鄉。如還鄉，也是他日衣錦榮歸，回鄉敘舊，造福鄉里。

心中絕不可想，他日在國外如果不順心，再回台灣來；這就是跨出台灣，此生「誓不衣錦不還鄉」的重大決定。

現在的台灣是一個日益老化的經濟，機會相對少，所得相對低，許多優秀的年輕人難免被海外所吸引，這是無可厚非的選擇。可是選擇出國的年輕人，你們一定要知道這是一生的抉擇，要把自己從台灣人，變成國際人，從此你們的舞台在世界，而且要告訴自己：從此「誓不衣錦不還鄉」，你的人生，才會有不凡的成就。

後語：

❶許多年輕人，心不定，想出國走走、看看，增廣見聞，無可厚非，但是必須設定一個時限，或一年，或兩年，但不可超過五年，年輕的歲月也禁不起浪費。

❷下個遠走他鄉的決定，也是值得鼓勵的規劃，許多轟轟烈烈的人生，都是這樣走出來的。

29 二十年之後我會做什麼？

我三十五歲以前的人生，是誤打誤撞的。我隨便先找了一份工作，然後再找一份我有興趣的工作，一直做到三十五歲，此時我面臨了生涯的抉擇，要繼續過舒適的日子呢？還是做一個長遠的人生規劃？

三十三歲那年，我在《中國時報》當採訪組的經濟組組長已歷三年，每天過著醉生夢死的生活：中午、晚上都和企業界應酬，下午則去洗兩小時三溫暖，下班後不是同事相約吃消夜、喝酒，不然就去打一晚上麻將，只有在晚上到報社寫稿、看稿、發稿，這樣的日子，很容易讓一個人迷失自我。

有一天我醒來，忽然警覺這樣過日子實在太離譜，不禁問自己：還要繼續過這樣的日子嗎？我立即的回答是：要，因為實在太舒服了，為什麼要離開呢？

既然要繼續做，接著我就想：那我很快就會四十歲，黃金年華很快就過去了，那我這一生應該就老死在《中國時報》，不會有其他的可能了。想到這裡，我隨即問自己第二個問題：既然老死在《中國時報》，那二十年後我在《中國時報》，當我五十三歲時，會做什麼工作呢？這是長期的策略思考。

我會是余紀忠嗎？余先生是《中國時報》老闆，所有事他一言而決！我當然不會是余老闆，我不是余家的人。我會是報社的發行人、社長、總編輯、總經理嗎？這些都是報社高階主管，如果我努力一些，再加上些運氣，這些職位我都可能擔任，可是我發覺當我做到這些職位時，我並不快樂，原因是這些職位都是五日京兆的工作，余老闆不時會玩人事大搬風的遊戲，所有人都是高高興興上台，悽悽慘慘下台，當我變成報社的高官，我就變成老闆玩弄的棋子，不再擁有自我。

當我想清楚二十年後不會快樂，這不是我想要的日子，一星期後，我就辭職走自己的路了。

這是我一生最重大的改變，我放棄在《中國時報》的舒適圈，走上了完全不可測的獨立創業的日子，歷經凶險萬狀、高潮起伏、峰迴路轉、柳暗花明，最後勉強存活。

這也是我一生中最長久的一次策略思考：二十年，想像二十年後會做什麼？這應是我用一生來思考，所做的最重大決定。

我每隔一段時間，就會問一下自己的未來規劃，最近一次是當我六十歲時，我問自己兩個問題：我還要工作幾年？我還要活多久？怎麼活？

工作容易回答：只要我工作愉快，能有所貢獻、發揮，那就繼續做下去，否則隨時可走人。

至於要活多久，這我不能決定，可是我可以先做再活十年的規劃，我先規劃了七十歲以前的人生。

我的一生中，不時會問自己的未來規劃。三年最短，這通常是年度規劃的延伸，做完明年規劃後，也想像一下三年後會如何，這通常是很具體的規劃。其次五年、十年，也是常見的思考，十年通常是按歲數而來，三十想四十，四十想五十。而五年則是以工作的階段性規劃，如想學的事、想創的業，想想五年之後會如何。

人無遠慮，必有近憂，花時間想未來吧！

後語：

❶在面臨生涯抉擇時，我用了一個二十年後的生涯沙盤推演，看看二十年後我會做什麼，做完分析後，我就決定走自己的路了。

❷每一個人都應該為自己的一生做決定，從三十五歲之後，我每隔一段時間就會做一次未來推演，然後照自己的計畫走。

30 我不知道我有興趣的工作是什麼

我不知道我有興趣的工作是什麼。

原因是因為你根本沒有仔細想，沒有分析工作的真正內涵，也沒有下決心要好好做。

要找到有興趣的工作，就是遇到一個工作，全力以赴，就可以知道自己喜歡不喜歡。

一位年輕人，高中畢業，沒念大學，直接出來工作已經五年了，他一直在尋找他真正有興趣的工作。

一開始他覺得自己對電影後製很有興趣，所以跑去電腦補習班上了影片後製課程，然後到他叔叔開的動畫後製公司工作，做了一年，但發覺自己並不想一天超過八小時都坐在電腦前，所以決定離開。

其後，他到了一家保養品代理經銷公司上班，做的是業務工作，因為他覺得未來不論做什麼，業務技巧都是很重要的事，但幾年做下來，他還是覺得這不是他喜歡的行業。他覺得很迷惘，來向我請教該怎麼辦。

我告訴他：那就去做你喜歡的行業、你喜歡的事啊！

他回我，他的問題就是不知道什麼才是他喜歡的行業！

我再問他：你不知道自己喜歡什麼工作，那你如何知道自己不喜歡什麼工作呢？

他回答：我當然知道，我不喜歡每天八小時都坐在電腦前；我也對女性保養品的生意沒興趣。

我說：這些真的是你不喜歡的工作嗎？如果你做電腦動畫後製，做出得獎的作品，你會很驕傲嗎？你會因而就做出興趣來嗎？又如果你販賣女性保養品，做出成果，因而賺了很多錢，你會高興嗎？會因而對女性保養品產生興趣嗎？

他聽了之後，沉吟不語，顯然沒想過這些狀況。

我告訴他：任何工作都是一個複雜的整體，有有趣的一面，也有枯燥的一面；有有成就的一面，也有辛苦的一面；當然有容易的一面，就有困難的一面。我們接受一個工作，喜愛一個工作，就要全盤接受工作的全部，不能因為喜歡工作的某一部分，就接受它；也不能因為不喜歡工作的某一部分，就討厭它。惟當我們全面了解工作的全部之後，我們才能衡量自己喜不喜歡它！

在還沒徹底了解一個工作的真相時，我們不能下斷語，說我們喜歡或不喜歡。我們的喜歡通常都是看到那個工作光鮮亮麗的一面；我們的不喜歡，通常也是看到工作辛苦、困難、無趣的一面。我們的喜歡或不喜歡都是武斷孟浪、不切實際的結論。

所以當一個人說不知道自己喜歡的工作是什麼時，其實真相是他並未全心投入任何一項工作，去體會工作的實況好壞，利弊得失，因此他談不上喜歡或不喜歡。

當我們不知什麼是喜歡的工作時，最好的方法是不要挑，不要選擇，只要碰到機會去做一個工作，那就一頭鑽進去，花最大的精神去體會、去理解、去感受，就假設這是自己最喜歡的工作，好好去做，好好學習，一旦全盤了解工作的真相之後，我們才有資格談喜歡或不喜歡。

而當我們全力以赴去做一項工作，一旦做出成果，我們就會喜歡這項工作。喜歡，是我們用全部心思去體驗出來的結論。

後語：

❶有興趣的工作通常是全力去做，做出成果、賺到錢之後，慢慢興趣就有了。

❷所有的工作都有有趣的一面，也有枯燥的一面，選擇工作要有宏觀的思考，全面去體會，才知道真相。

31 選擇永遠比努力重要

人的一生，總離不開努力，也離不開運氣，另外還有一個關鍵因素，就是選擇。選擇是人決定在什麼賽道發揮，在好的賽道努力，才會有成果，運氣也才會發揮作用，選擇對了，人生才會有成果。

聽了一個外省企業家的故事，當年國共內戰時，他和哥哥都是小兵，部隊撤退到廣東，準備渡海到台灣，部隊讓他們自己選擇，要隨部隊去台灣呢？還是歸建回家？他的哥哥選擇了回家，他則選擇跟著部隊走，從此兄弟倆天各一方。

這位企業家到台灣後，當了幾年兵，就選擇退伍，上了幾年班，就開始做做小生意，再過幾年就創業，從開個小工廠開始，逐漸擴大，變成一個頗具規模的工廠，他也賺了很多錢。

兩岸開放後，他回到湖北老家探親，見到了數十年沒見的哥哥，兩人不勝唏噓，哥哥見到他衣錦還鄉，頗為羨慕，他告訴哥哥，在台灣的這些年如何努力打拚，歷經艱難才創業有成。哥哥聽完後，頗為哀怨，說：「我回老家之後，也非常努力，只是再怎麼努力也賺不到什麼錢，可是你到台灣之後，只要努力，就會賺到錢，我當年應該和你一樣，選擇去台灣！」

他哥哥的一句話，道盡了「選擇永遠比努力重要」的人生大道理。

這是我永遠相信的事：選擇比努力重要。人面對所有選擇，都要審慎、小心應對，因為會從此走上不一樣的路，選對了雞犬升天，選錯了向下沉淪。不論我們再怎麼努力，都不會改變選擇的結果。

我三十四歲離開報社，辭職創業，先歷經鉅額的虧損，沉淪在黑暗中，但經過十年的沉潛，終於守得雲開見月明，擁有一個小小的舞台，變成我永遠的棲身之地。

我常回想，如果沒有選擇辭職創業，我就會在報社工作一輩子，我可能會一步步升成報社的高官，但不論職位多高，我到了六十歲一定會退休，我領了一輩子的薪水，也會有一些積蓄，可是這比起創業，仍然有很大的距離。

創業的選擇比起我在報社努力工作一輩子，強大多了，我的選擇比努力重要。

中美斷交時，許多台灣人害怕台灣不安定，急急忙忙降價賣掉台灣的房子，移民美國。可是移民後，台灣不但沒有沉淪，反而欣欣向榮，經濟快速起飛。這些急忙移民的人後悔了，想回台灣，可是當年賣房子的錢，已買不回原來的房子。錯誤的選擇，注定了截然不同的命運。

人的一生一定要努力做事，努力是為人處世的根本，有努力才會有成果，但是光努力是不夠的，還要搭配正確的選擇，在正確選擇的前提下，努力才會有豐富的成果。

選擇是選擇做對的事，而努力是把事情做對，我們一定要先選擇對的事，然後再把事情做對，才會有好結果。

我們永遠要記住一句話：選擇比努力重要，先做好選擇，再努力做事。

後語：

❶如果我三十五歲選擇在《中國時報》繼續工作，我就會在《中國時報》終老一輩子，當《中國時報》易主，我也會一起走人。

❷哥哥的說法道盡了選擇的重要：「我回老家後，也很努力，但永遠賺不到錢，不像你到台灣，努力就可以賺到錢。」言下不勝唏噓。

32 天下大亂，機會大好

章回小說，談到英雄竄起，總難免「時也、命也、運也」的結論。要做出一番大事業，一定與環境有關，所謂時勢造英雄，要先有時勢，英雄才有用武之地，當英雄竄起之後，才有造時勢的結果。

二〇一八年，大陸政府因為受不了資金外流，把大陸境內所有的比特幣交易平台全部查封，導致大陸的比特幣買賣全部暫停，市場秩序大亂，進入無政府狀態。

有一位從台灣到大陸發展的程式人員，看到此一機會，立即快馬加鞭，用最快的速度，在大陸境外建了一個比特幣的場外交易平台，填補了市場的真空狀態，很快就吸引了無數人進場交易，每日交易金額很快就破人民幣億元，這是成長最快的比特幣交易平台。

這個劇情，再一次見證了我長期以來的信念：天下大亂，機會大好！當天下大亂時，正是有心人最大的機會，只要敢大膽放手進入市場，很容易就可以脫穎而出，獲得最大的報償。

台灣經濟發展史上，不乏天下大亂，機會大好的故事。

數十年前，台灣市場曾一度盛行街頭的電動玩具，當時政府不知為什麼忽然在一夕之間下令禁止，所有電動玩具店在一天內要全部關門。這一關門，整個上、中、下游產業鏈哀鴻遍野，所有業者一時之間走投無路，這是典型的因為一種外力，徹底改變了社會結構、破壞了均衡狀態，天下進入大亂，所有人都必須要重新找到出口、重新找到自己的位置。

這時候所有相關的電動玩具業者，因為已從電動玩具上賺到一些錢，同時也因為了解此一產業，所以許多人開始轉做電腦，模仿IBM的規格，這一轉型，開啟了台灣電腦產業繁花盛開的局面。

這又是一次天下大亂，對工作者而言，是機會大好的見證。資本主義的經濟發展，通常是從混亂、調適，再進入均衡狀態，進入均衡時市場就穩定，市占率高的就是贏家，後進者很難與其對抗，通常是大者恆大，贏家通吃的局面。因此任何新進者想在均衡狀況下突圍而出，都很困難。

可是均衡狀態如果因外力介入而一夕之間改變，進入天下大亂的失序狀況，這就是新進者竄起的大好機會。面對天下大亂，絕對要義無反顧，放手一搏，這是天賜良機，所有的野心家都不會放過這樣的機會。

只不過大多數人都不是野心家，是一般正常人。當天下大亂時，正常人會有什麼反應呢？

第一個反應是：怎麼會這樣？未來將如何發展呢？

有了第一個反應，接著一定是先看看再說，要等到看清楚世界如何變，才會採取具體的應變措施。

接下來的發展是：野心家已經開始採取行動，並把世界的走向導向野心家規劃中的方向，他們在大亂中已重新找到位置。正常人的機會就在看看中錯過了。

人生中其實等不到幾次天下大亂的機會，只要遇到，就要拿出野心家放手一搏的本性，不要錯過大好機會。

後語：

❶天下大亂，代表世界失去均衡狀況，一切處在混亂中，這時候是野心家的機會，他們會勇敢投入，創造新產品、新服務，搶占市場之後，再重新找到新均衡。

❷想當英雄，就要把握天下大亂的時機。

33 快意恩仇，然後呢？

快意恩仇是人生最痛快的事，一言不合，桌子一拍，「此處不留爺，自有留爺處」，然後走人。這是許多職場菁英描述的劇情。但如果要繼續追問，然後呢？他們快意恩仇之後，都有好結果嗎？這倒也未必！

一個年輕的傑出專業經理人透過介紹，輾轉找到我，和我商量他的生涯規劃。

他的劇情很簡單，一個極成功的專業經理人，過去七年帶領團隊轉型，成功的讓公司轉虧為盈，當他覺得形勢大好，正準備再接再厲、持續擴大投資之際，董事會卻表達了不同的看法，要他小心謹慎，盡可能保持現狀，他在努力爭取未果之後，就萌生去意，準備辭職。

他告訴我：董事會實在太不可理喻了，他已經做了完整的投資規劃，有把握擴張計畫會成功。可是董事會竟然不相信，而且過去這幾年，他所承諾的事，全部超額達成，他自信自己有很好的信用，可是竟然無法說服董事會。

他帶著怒氣描述這一切，他已決定辭職，另謀高就，只是在真正行動之前，想聽聽我的意見。

我問他：辭職之後，想做什麼，安排好了嗎？

「我還沒決定，我想先辭職，讓自己心情冷靜一段時間，再決定未來要做什麼？我覺得以我過去的經歷，要找個工作應不會太難！」

我再問：有創業的打算嗎？

我會問這個問題，是因他現在的這家公司，是市場知名的公司，而且他的職位已經很高，想要換工作，已經不太容易找到更合適的公司，更合適的職位。

「我有想過創業，但還沒準備好，暫時應不會！」

我給了他一個建議：在後續工作還沒安排好之前，千萬不要提出辭職，人在情緒激動時，總想快意恩仇，不計一切後果，問題是快意恩仇之後，然後呢？所有的後果都要自己承擔！

過去這些年，他是有還不錯的成果，外界也都認為他是還不錯的人才，但是這些成果，還不足以支撐他的快意恩仇！

我幫他盤算一下，如果辭職，他可以去哪裡？市場上是有一些公司對他這樣的人才有期待，可是每一家公司的情境不同，不見得真的用得上，而且要找到比他現在的公司更具規模的公司，更不簡單，所以要幫他安排個去處，並不容易。

他的問題不是他不夠好，而是他太好，好到動見觀瞻，因此不易安排。

他最好的去處是創業，只是他自承心情還沒準備好，所以創業不能想。

我勸他冷靜，謀定而後動！

我自己就是一個快意恩仇的人，想要做什麼事，就會一廂情願，一頭栽進去做。遇到任何不愉快的事，我也會立即提出反擊，連一刻都不想等，可是這一生中，我為我的快意恩仇，付出了不少代價，也走了許多冤枉路。我慢慢的學會盡量不要立即快意恩仇，要快意恩仇之前，先想想「然後呢？」一定要在「然後呢？」有了清楚的答案後，我才會快意恩仇！

後語：

❶快意恩仇，有一個絕對必要的前提，就是「謀定而後動」。當你仔細分析利弊得失之後，有絕對的把握，才可以快意恩仇。

❷自行創業，永遠是快意恩仇之後的備用選項，但也要深思熟慮。

第五章

職場智慧

老闆、老闆、老闆

老闆是職場中最重要的人物，是下命令者，也是管理者，更是資源供應者。老闆指的是直屬長官，往上一直到最高主管，我們都需要保持好關係。

從日常偶遇的問候，到正式的溝通，到交換LINE，都必須講究，要讓老闆認識我們。

和老闆一起工作時，所有的事都要設想周到，務期做到「老闆想到的，我們都要想到；而老闆沒想到的，我們也要想到」，最高境界就是當我們離開時，老闆會想念我們。

34 和老闆交換LINE帳號

職場是一個複雜的群體，底層工作者都是影像模糊，很少被認識。有企圖的人，應該要想盡辦法，讓高層主管認識你，找機會主動和老闆們交換LINE帳號，就是一個可行的方法。

一個新到公司的小朋友，跑來和我交換LINE帳號，令我十分吃驚，因為我和他之間，還隔了一個主管，嚴格來說，沒有互換LINE帳號的必要。

他說得冠冕堂皇：「執行長，我雖然不直接和你接觸，但是我仰慕你許久，因此也有許多問題想直接向你請教，如果能擁有你的LINE帳號，這是我莫大的榮幸。當然如果你覺得不方便，那也沒關係，我也不會在意的。」

聽了這話，我能不同意互換帳號嗎？我們從此成為LINE上面的朋友。

加了朋友之後，這位同事三不五時就會來訊息問候，他也很有禮貌的告訴我，如果他的問候，我覺得被打擾，請直接告訴他，他就不會再問候了。因為對方是年輕人對長輩的禮貌，我也就接受了。

除了問候之外，他也真的會問一些工作上的問題。由於問題問得很切中要害，可以看出他對工作的投入，也可以看出他的能力相當夠水準，因此我也很樂意在線上與他交換意見，久而久之，我對他的了解甚深，我覺得他是一個可以栽培的人才，有朝一日，他可能會有大用。我終於看到有為而積極的年輕人，頗有挖到璞玉之感。

他是我們公司的一個基層工作者，但他也是我認識的少數幾個基層工作者之一，而這樣的關係完全是他主動積極爭取來的。

從他身上我看到一個工作者積極進取的工作態度，而好的態度從一個小動作開始：和老闆交換LINE帳號。

大多數的基層工作者對高階的老闆有著害怕和敬畏，通常是能躲則躲，並不會主動接近。就算因緣際會接觸到大老闆，也是怯生生的問一句、答一句，不會給大老闆留下印象，這也正是大老闆通常不認識基層工作者的原因：沒有接觸，不直接互動，沒有對話。

其實我非常喜歡與基層工作者接觸，因為他們都是年輕人，邏輯、態度和想法都與我們不一樣，和他們接觸，有助於了解現在的年輕世代在想些什麼。

另一個原因是，我想認識組織中有潛力的年輕人，尤其是那些態度積極，工作能力強的年輕人，他們是我們公司未來的成長動力，我如果能及早認識他們，有助於他們在組織中的升遷。

我鼓勵所有的工作者，不要只是默默的做著分內的工作，更應該隨時做好準備，讓組織中的高階主管有機會認識你，這樣的機會不是被動的等待，應該主動積極爭取，而和高階主管交換社群媒體帳號，就是最有效的方法之一。

後語：

❶和高層老闆交換LINE帳號，當然是一個冒昧的打擾，如果老闆不同意交換，這也是常情，千萬不要覺得沮喪。

❷有了帳號之後，如何與老闆對話，才是關鍵，千萬不能頻繁打擾。平常不用問候，但過年過節可以問候。如果有問題請教，問題要切中要害，才能展現你的水準。

35 如何和老闆打招呼？

老闆是我們工作中最大的助力，如何讓老闆認識我們，是每一個工作者都必須要學會的事。而在辦公室中偶遇老闆，是最容易被老闆認識的機會。

我有一千名同事，每天都會在電梯中和樓梯間見面。

我的車停在地下室，所以上班時我通常是第一個進電梯的人，我一般都選擇站在角落，可以看著進電梯的每一個人，到了一樓之後，會進來許多人，每一個人看到我，都會和我點頭打招呼，然後默默的站到一旁，我也會微笑和大家回禮，這是電梯中人多時的狀況，在電梯中很少有人交談。

可是如果是非上下班時間，很少人搭電梯時，電梯中就有不同的光景。有的同事，進了電梯看到我，會出現驚慌狀，向我點頭示意後，會拘謹的站到角落，然後眼觀鼻，鼻觀心，小心翼翼的不發一語。這種人通常是基層員工，對我不太認識，平常也沒有接觸，他們是畏懼我的。

有時候我會關心的詢問：請問你是哪個單位的？接下來每個人的反應就大不相同。

第一種人是緊張的，聽到我問話，就差沒有立正站好，怯怯懦懦的回答出哪一個單位，然後又低頭不語，在回話的過程中，始終不敢正視我一眼，這通常是新進的基層員工。

第二種人就比較自在，除了會回答是哪一個單位的之外，還會主動問候我：「執行長好」，接著有的還會自我介紹，我叫〇〇〇，在做什麼工作。

第三種人就更主動，除了回答單位、姓名、工作職位之外，還會主動和我聊天，談天氣、談我的工作，我非常享受和同事在電梯中聊天的時間。

還有一種同事更積極，如果電梯中只有兩個人，他會主動和我聊天，首先自我介紹：姓名、單位、做什麼事，到公司多久了。我很喜歡這種互動，因為平時也沒機會認識員工，不期而遇的邂逅，是相當有趣的經驗，通常對這同事我會印象十分深刻。

根據我長期工作的經驗，這種會主動問候的員工，通常是主動積極的，一般工作表現也會比較好，我很高興能在偶遇中，認識未來有潛力的同事。

在電梯相遇是一種狀況，但在樓梯走道相遇又是另一種狀況。

在走道中相遇，通常會有心理準備，因為長長的走道，我們遠遠就會看到對面來了人，當同事看到我時，有的人會老遠趕緊躲開，以避免和我碰面。有的人躲不開了，只好緊緊張張的向我點頭問好。當然還有一種人，我認為是最恰當的表現，是老遠就迎上笑臉，然後出聲問候我：執行長好。我也會很有禮貌的回禮。

在職場中，除了每天要和我們的直屬長官相處外，還會經常不預期的遇見上層高階主管或老闆，而他們可能完全不認識你，這時候該如何應對進退呢？

「自在從容，落落大方」就是面對高階主管及老闆的基本原則，要充滿笑容的打招呼，要自在的自我介紹，並主動問候老闆好，這些老闆可能不認識你，但是我們要隨時準備好，要給老闆們留下好印象。

後語：

❶在辦公室偶遇時，主動問候老闆好、執行長好、總經理好，是留下好印象的最佳方法。

❷如果在電梯口偶遇，可以主動做三十秒的自我介紹，讓老闆認識我們，平常就要想清楚要講什麼，不要隨機應變。

36 我會、我懂、我知道

如果有人願意指出我們的缺點，我們應該心存感激；如果有人願意教導我們不會的事物，我們更應叩頭謝恩，這些人都是我們的恩人。但有時候，我們不經意的一句話，都會得罪人而不自知。

有一個單位主管一直處在稱職邊緣，該單位營運狀況不算好，但也還過得去，可是卻經常出現一些意外，以致於全單位雞飛狗跳，忙於應付。我分析是因為該主管不夠成熟，才會屢出意外，因此下定決心，要多花一些功夫在他身上，希望把他調整成稱職的主管。

我經常找一件事因材施教，仔細的分析處世的原則，與做事的方法，常常我說不到幾句話，他就會說「我懂」，又說不到幾句，他又說「我懂」，我很懷疑的問他：「你真的懂了嗎？」他回說：「你說的這些我都懂了。」可是以我的理解，他頂多一知半解，離真正懂還有很大的距離。我提醒他：「要謙虛一些，要多學、多理解，要真正懂，才能說懂，不要輕易說自己懂。」當下他不說了，可是下一次我和他再溝通時，他的老毛病又犯了。

一個年輕的創業家來請教我如何經營公司，他說了很多他公司的狀況，我也認真回答，我仔細的分析經營管理的道理，當我正努力說明時，他卻冒出了一句「我會了」。由於我還沒進入重點，他就說會了，我十分懷疑的問他：「你真的會了嗎？」他回說：「你說的這些，我過去都聽過，所以我覺得我會了！」聽了這句話，我很無言。

我教我的小孫子下圍棋，我講了基本規則，還沒講完，我小孫子就說：「我知道了」。我說：「我都還沒說完，你怎麼就知道了呢？」因為是自己的孫子，我就耐住性子，慢慢教，慢慢溝通。

「我會、我懂、我知道」是最容易得罪長官或長輩的一句話，會讓他們覺得被潑了一盆冷水，教學熱情降到谷底。

尤其當長官的話還沒講完時，就脫口說出「我會、我懂、我知道」，長官不會覺得我們是天才，只會覺得我們輕忽、不受教，是不認真的學生。

急著說「我會、我懂、我知道」，聽話的人會感受到我們的不耐煩，覺得我們不想聽他講的話，急著想結束對話，他會覺得不受尊重，問題是他又是長官或長輩，得罪了長官或長輩，我們能有好下場嗎？

我們會急著說「我會、我懂、我知道」通常有幾個原因：

一、我們輕忽了談話內容的難度，覺得那是簡單的事。問題是，就算是簡單的事，不徹底學會，一定還是做不好。

二、這可能是我們不自覺的口頭禪，我們並無他意，但這是極不好的習慣，必須立即改正。

三、我們可能自覺心虛，怕別人以為我們笨，所以急著表白，這種心態也是最壞的習慣。

長官與長輩是我們最好的學習對象，千萬不要一句話得罪人而不自知。

後語：

我在教導部屬時，他們如果說「我懂」，我會非常敏感，覺得他們在暗示我說的是多餘的。那他們應該說什麼話呢？點頭稱是，是最正確的回應，如果再加上一些提問，就代表他們有認真聽、仔細學，讓我教起來有成就感。

37 老闆沒想到的，你也要都想到

好工作者，是什麼樣的人呢？

「老闆沒想到的，你都要想到」，這就是一個好工作者的特質。

工作者就是承老闆之命做事，如果只做到老闆交待的事，那是一般的工作者，要做到老闆沒想到的事，或者舉一反三，那才是好的工作者。

我的祕書跟我工作近二十年，她是一個非常「雞婆」的人，經常提醒我一些我想都沒想到的事。

最近我有場演講，安排在桃園大溪球場旁的威斯汀酒店，早上九點半到中午十二點，有四個同事隨行。她主動找我商量：「何先生，我幫你叫一輛七人座的包車送你去、接你回來好不好？這樣你演講才不會太累，而且所有同事和你一起坐，也很方便！」

我一般到新竹以北，都自己開車，這是我開車的極限距離，再遠則太累，我受不了。可是這一次在大溪，更近，她卻要讓我坐接送車，原因是四個同事隨行，可以一起坐，理由似乎很充分，我也就接受了安排。

她同時還告訴我，她並不是包一輛車一天，而是叫了兩趟接車與送車，因為這樣比較便宜，她也總是精打細算。

我總有許多公文要批，不知從何開始，我批公文時，她總是站在旁邊，主動解說內容，哪些是例行公事，簽名即可；哪些又是偶發的新事務，要小心謹慎看。剛開始我覺得她有些多事，做祕書只要轉呈公文即可，並不需要事先看公文，更不需要在老闆看公文時，在旁邊給意見。但嚴格來說她並不是給意見、干預我批公文，她只是預先幫我分類，提醒我哪些該特別注意，哪些可以快速瀏覽，所以日子久了，我也就習慣她的多事了。

她會記住我所有對外關係，哪些是朋友、聚餐、喝酒的；哪些是公事往來，要小心應對；哪些是長輩，要十分有禮。對所有人，她總是侍候周到，進退有據。日子久了，我所有朋友都知道，有事只要找我這個祕書就能搞定，逐漸他們也就不找我了。

她也會主動提醒我：某某人又升官了，是不是要送一盆祝賀花籃；某某人又轉換職位了，是否要打電話祝賀一下？

她也能掌握我所有對內關係及家人，哪些人生日，該送個小卡片；哪些人又生小孩，該包個小紅包；連我老婆生日她都會提醒我要做些事，本來我都覺得她太「多管閒事」了，可是後來也就習慣她的多事了。

我常想：有這樣一個祕書實在太好了，我想到該做的事，她都想到了，也都做了。可是有許多事，我沒想到的，她的「多事」，也幫我多想到了，也多做了，讓我非常方便，也逐漸習慣！

職場中，這是做事的最高境界。工作上，老闆會交代我們做很多事，凡是等老闆交代才去做，這是每個人都必須做到的事，也是理所當然的事。可是如果老闆還沒想到、還沒交代的事，我們事先想到，就事先做了，一旦老闆知道了，會有意外的驚喜，覺得我們是聰明人。

想到老闆沒想到的事，最好的方式是，老闆只交代做一，而我們卻想到二和三，所以再回報時舉一反三，呈現更好的效果，讓老闆知道我們心思細密，思慮周到，這就是最好的工作者。

後語：

❶我的祕書，從辦公室的公事開始，逐漸的接手了我朋友的事，再接手我家裡人的事，到最後我所有的事她都無所不包。

❷我的祕書是個「當責」的祕書，凡是我的事，都和她有關，她都會概括承受，她是無所不在的存在。

38 工作者要勇敢說「不」

好工作者永遠是老闆心中的明星，有任何任務，老闆通常會想到你，你可能會被分派到許多任務，導致工作量過重，負荷不了，這時候你要繼續逆來順受，來者不拒嗎？當然不行！適時說「不」，拒絕老闆的要求，才是最正確的做法。

一個年輕的同事，是幹練的工作者，離開我們公司後，成為獨立的自由工作者，在家接各種專案過日子，過得自在逍遙。他回來找我敘舊。談到當年為什麼會離職，他形容那是不堪回首的往事，當時他忙到完全分不開身，可是老闆卻仍不斷丟工作給他，導致他身心俱疲，痛苦不堪，最後不得不辭職，才改變了這一段痛苦的日子。

他的說法讓我十分意外，他是個能幹的工作者，他的老闆為何不知愛惜人才，讓他操勞到最後不得不辭職？而他也很奇怪，既然已經忙不過來了，為何不拒絕老闆新的工作派任呢？

他告訴我，他是不敢拒絕老闆的要求，因為老闆高高在上，他害怕拒絕會得罪了老闆，給老闆留下不好的印象，以後日子不好過，只好不斷的接工作，最後卻走上辭職之路。

這實在是一個職場悲劇，一個好員工，為了勉強接受老闆的指令，到最後走上分手之路，這是個人與企業雙輸的結果。

我也是一個來者不拒的員工，老闆有任何派令，我一向視為光榮的象徵；因為我能幹，所以老闆會不斷派工作給我，因此只要可能，我永遠是樂意接受，也盡可能不拒絕老闆的指令。

可是我也常常有緩不過氣的窒息感，因為已經接了太多工作，剛開始我也不敢拒絕，繼續接受老闆的派任，可是到後來我發覺，再這樣下去，我會把事情搞砸，不得不向老闆說實話。

我小心翼翼的告訴老闆，手上東西太多了，若再接受新的派任，很可能會做不好，可不可以暫時不要再派任新工作給我？

我原以為老闆會不高興，但沒想到老闆完全沒有生氣，還向我對不起。他說他沒注意到我手上太多事情了，所以又繼續派工作給我，他會去找別人做事，他並告訴我，等我手上有空，再告訴他，他才會再找我做事。

我知道之前害怕得罪老闆是多餘的，老闆也是講道理、可以溝通的，發覺這件事，我如獲大赦。

許多年以後，我自己也當了很多年老闆，我終於懂得其中的道理。老闆通常對手上團隊的每一個人瞭若指掌，誰能幹，誰能做事都清清楚楚，而且老闆總是找那一個能幹的同事，派新任務給他，老闆是不會把工作派給不能幹的人的。

因為老闆喜歡派工作給能幹的人，因此能幹的人，總是接了滿手工作，可能同時要處理許多件事，經常會忙得不可開交。

可是老闆被拒絕，為什麼會不生氣呢？原因很簡單，老闆對能幹的員工，通常會很愛惜，也不敢讓他們過度使用，一旦聽到他們說做不來，通常會知難而退，不會生氣。

另一個原因則是當員工已屆工作的臨界點，老闆其實心知肚明，但他為何持續派工作？是因為想測試工作者的底線，因此一旦被拒絕，立即適可而止。

能幹的工作者，不要害怕，拒絕老闆過度的指令，是理所當然的。

後語：

❶ 好員工對老闆說「不」，如果老闆會生氣，代表老闆不知珍惜好工作者，這種老闆也就不用跟了。

❷對不喜歡的工作，也可以說不，好工作者可以挑工作。

39 離開的身影

好的員工，不只在職時表現良好，成為組織的中流砥柱。如果離開時還能盡心盡力，圓滿交棒，就會十分令人懷念。所以離職時的作為十分重要，會影響每個人的印象。

我有一個打球的球友，每次打完球聊天時，他常常會懷念他的前任祕書，說起這位祕書如何幹練、如何仔細，是他用過的最佳祕書，只可惜後來因有生涯上的選擇而離職。而他離職時，交代了七十七項應注意事項給新任祕書，我朋友看到七十幾項交代，大為吃驚，原來他的祕書做了這麼多事，這讓他對這位祕書另眼相看。

我不只聽他講過一次這位祕書的事，他真的很懷念且欣賞這位祕書，並且屢次嘗試想把他找回來。

我也有類似經驗。我剛創業不久，公司業務還沒上軌道，當時公司有一位超級業務員，公司每個月的業績，他都要占將近五〇%左右，他一個人的成績，幾乎要決定了公司的命運。後來這位超業因故要離職，我十分擔心，深怕他離職會給公司帶來很大的影響，並嘗試要留住他。他告訴我不用留了，他是因為選擇未來的生涯，才要離職，否則他是不會離開我們公司的，他很享受在公司的工作。他還向我承諾，他會仔細的交接，讓新接手的人能盡快上路。聽了這話，我才稍微安心，可是心中仍然忐忑。

這位超業離職的過程，讓我非常吃驚。為了交接，他特地多留一個月，和接手的新人有一個月重疊期。這一個月他帶著新人跑遍了所有客戶，如果是重要客戶，還不只去一次，臨走時還交代了一份厚厚的客戶清單，詳細記載了客戶的狀況，預算多少，負責窗口的個性等。

臨走時，他還說，如果有任何問題，可以隨時打電話商量，這位超業做了一次超完美的交接，也確保了接手的新人能有不錯的業績，讓我們公司能平穩過渡。

我永遠懷念這位超級業務員，我三不五時都想找他回來，只可惜他離開公司後的發展十分順利，就永遠回不來了。

我還有另一個經驗。曾有一個部門主管離職，被另一家公司高薪挖走，他的部門一向是我們公司業績十分良好的單位，我也十分擔心公司業績受影響。

沒想到這位主管主動找我告白，他告訴了我三件事，第一件事：不會因為他的離職，使部門的工作受到任何影響，他會好好交接，讓新的主管盡快上手。第二件事：他不會帶走公司的任何作者，他承諾不會把作者帶去他的新公司出版新書。第三件事：他也承諾不會挖角任何公司的同事，他會要求他們安心的在原地工作。

這位主管是一個負責任的君子，他不只做好了分內的工作，而且樹立了君子的典範。

工作者做好分內工作，這當然是讓老闆滿意的事，不過這只是最基本的工作而已。而離職時的表現，才能看出每個人的風度，也才能考驗出每一個人的態度。

做一次超完美的交接，把工作做好，做到最後一天、最後一小時，並做出一般人不會做的交接，會讓老闆永遠懷念，也代表自己品格高尚。

後語：

❶在職工作時，要盡心盡力，是理所當然的事。離職時只要適當的交接，就是做到該做的事，但是如果做出完美的交接，讓接手的人能順利上手，這就是令人懷念的人。

❷完美的交接，代表自己是品格高尚的人。

40 比較與計較是職場超級殺手

人天生就是會比較，看到別人買名牌包，就會想我為什麼買不起？看到別人升官，就會哀怨，我為什麼沒升官？職場也是如此，同事加薪，為什麼我們沒加薪？同事被獎勵，為什麼我們沒有？這是組織的常態，也是主管必須面對的問題。

一位部屬向我求證：聽說同一部門的某某同事，薪水加了兩千元，他覺得他也很努力，為什麼薪水沒加？

我很意外，他為什麼會知道有人加薪了？但我不能承認，我說：第一，我不知道是否有人加薪了。第二，就算有人加薪了，這也是個別的獨立事件，不代表別人也可以爭取加薪。

我繼續強調：每一個人的薪水，都是獨立核算，仔細評估其貢獻，並核算該多少薪水，和其他人並無關係。

一個人如果想加薪，應獨立舉證自己的貢獻，逑說可以加薪的理由，而不是別人加薪了，我也要比照。「比較」不是個人加薪的理由，而且理論上，每一個人也不會知道別人的薪水是多少。

我一口回絕了「比較」式的加薪要求。

又有一次，一個部門主管來要求，因為另一個部門做了員工旅遊，他覺得他的部門應該也可比照辦理，問問我的意見！

我回答：每一單位有不同的情境，他們去員工旅遊，一定有其特殊原因，我不知道你們也要去旅遊的原因何在，所以我也不知道你們可不可以去。

我也委婉的拒絕了他們要去旅遊的要求，因為「比照」不是公司運作的規則。

職場上，「比較」是工作者最常見的心態。看到別人放假，就會想：為什麼我們沒有放假？我們是不是也可以放假？看到別人領獎金，就會想：我們是不是也可以有獎金領？看到別人加薪，也會想：我們是不是也可以加薪？

如果別的單位有，我們卻沒有，這就是不公平的事，一定是主管大小眼，我們要向主管爭取。

於是，就理直氣壯向主管爭取了，很不幸的，這種事情十之八九，都不會如願以償。因為上層主管最討厭比較，愛比較的人，爭取不但不會被接受，而且還會被記上一筆：這個人是不識大體，是小鼻子、小眼睛的員工，以後要多小心一些。

比較與計較是職場上最大的忌諱，在工作上挑肥揀瘦，比較誰的工作輕鬆好做，計較誰的工作回饋較大，都會造成職場中的爭執，造成主管的困擾與麻煩。所以愛計較的人，一向是主管眼中的問題人物。

不只是職場如此，人生中比較、計較也會帶來大麻煩。一場宴會之後，碎嘴的太太們開始叨念，誰的老公英俊瀟灑或官場得意？誰的老婆穿的是名設計師的衣服、拿的是名牌包？哪一位名媛戴的是名牌珠寶……這樣的比較，不但顯得自己虛榮，也會給自己的先生帶來極大的壓力，把自己變成是多嘴又小心眼的女人。

職場中的規則是：所有事情都是獨立事件，各有因果，不能比較，也不能比照，更不能計較。以比照為由，用公平為訴求，去向老闆爭取福利，是罪大惡極的事。

後語：

❶我經常面對主管，以比較為理由，來爭取各種薪資福利，我幾乎從來沒有同意過，我的道理很簡單，組織是不能比較的，每個單位各自不同，不可攀比。

❷比較之後，如果有為者亦若是，而發奮起之心是好事，如果心生嫌隙，就是壞事。

❸我們相信各單位各自獨立，所有的薪資、福利，豐儉由人，不得互相攀比。

41 如何培養成長心態？

企業文化會決定組織成敗，成長心態是組織面對變局能突破成長的關鍵，微軟執行長納德拉把微軟的文化，從「無所不知」改成「無所不學」，這就是成長心態的組織文化，讓微軟重新攀上世界頂峰。

二〇一四年，納德拉（Satya Nadella）臨危受命接任微軟執行長，當時的微軟看起來榮光已逝，瀕臨日薄西山。可是納德拉立即進行文化改造，把過去微軟在風光時期所塑造的「無所不知」文化，改變為「無所不學」，把成長心態帶進微軟的企業文化中。

納德拉回想：如果每個微軟人都認為自己有能力突破限制，能讓自己成長、改變現況，必然也能改變公司。

納德拉每天都必須問自己，是否執著於定型心態？當他執著於定型心態時，就會被過去微軟的成功經驗所綁架，而不敢去從事新事物。

由於微軟人從定型心態，改變為成長心態，在幾年之間，就讓微軟重新攀上世界頂峰，成為市值僅次於蘋果的公司。

定型心態是相信自己的素質不可改變，自己的能力與成果就限縮在某一個水準之下。而成長心態則是認為每個人的天分雖然不同，但可以經過後天的努力、學習、嘗試而改變，成為更好的人，這是《心態致勝》（*Mindset*）一書中提出的重要概念。問題是大多數人都受限於定型心態，無法自我改變，我們要如何做，才能改變成為成長心態呢？

一般而言，人會透過學習、改變自我來提升能力。可是如果在遇到重大困境，嘗試改變而不成後，就會進入定型心態，認為：一、我的能力就是如此；二、這是我解決不了的困難。當我們進入這兩種思維時，就會和現況妥協，接受無法改變的現況。這就是定型心態。

這時候只要告訴自己：這世界沒有無法改變的困難，只是還沒找到解決的方法，只要持續努力、嘗試改變，總有機會解決困難。當我們不斷努力改變時，就進入了成長心態。

我們對於環境是可以改變、或是不可改變的認知，會決定我們是定型心態，還是成長心態。

其實每個人心中都存有定型心態，同時也存在著成長心態，隨時都可以切換，端看我們看待環境的態度。我們應該隨時檢討，如果發現自己正陷入定型心態，就應該立即打起精神，嘗試改變，努力突破現狀，讓自己重回成長心態中。

此外，還有兩種人是偏向定型心態的，這兩種人應努力嘗試改變自己：

第一種人是對自己信心不足的人，這種人常覺得自己能力差、天分差，因此看到任何問題，都覺得自己無法解決，也無法改變，這是天生的定型心態。

解決的方法就是告訴自己是有能力的，不要放棄改變。

第二種人是自滿的人，一向認為自己的能力已經夠好，不需要再學習和改變，這也是天生的定型心態。納德拉接受執行長一職時的微軟，就是處在這種自滿的情境，直到納德拉努力要求，微軟才開始有所改變。

定型與成長心態，都是我們心中天生的情境，我們要努力強化成長心態，抑制定型心態。

後語：

❶學習是每一個人成長的關鍵，而學習最重要的就是認為自己是可改變的，只要學習就會進步，這就是成長心態。

❷自滿是一個人最大的缺憾，一旦自滿，就不會進步，也不肯學習，而成為定型心態。

42 用人生故事看透一個人

「找到對的人」到「看對一個人」，都是用人成功的關鍵。可是如何「看透一個人」、「辨識對的人」卻是永遠的難題。

人不可能一眼看透，需要透過仔細的訪談、溝通、了解，把一個人從小到大的歷程弄清楚，找出他相信的價值觀，這是看透一個人最佳的方法。

前一陣子，我去錄Podcast節目，主持人問我一個管理問題：主管用人都強調要用對的人，問題是如何才能知道這個人是對的人呢？

這是非常關鍵的問題，也考驗主管用人的方法，我歷經了二十年摸索才找到答案，我以一次面試經驗作為回答。

有一次我要找一本雜誌的主管，這本雜誌歷史悠久，全公司有三十幾個人，規模不算小，這個主管是很重要的職位。我遇到一個應徵者，來自一本類似的刊物，只是規模較小，我看他的背景，有可能是合適的人選，我必須深刻了解他的底細，才能確定他是不是對的人。

我從他的小時候開始談起，他來自台東鄉下，家裡務農，從小放學就必須協助家裡種田，因此學會了所有農活，皮膚也曬得黑黑的，但是他的功課也念得不錯，成績一直在前段班。

升上國中以後，他迷上了乒乓球，課餘就練習，最後變成校隊，代表學校出賽，拿到全縣第二名，從此乒乓球變成他一生的樂趣。

高中時期，他持續打球，因為學校沒有桌球隊，只能變成他課餘的娛樂。但是他參加了校刊社，參與編輯校刊，開始學習編輯相關的技能。

後來他考上一所私立大學的英語系，讓他的外文能力大有進展，大學畢業以後，申請到英國打工留學，一方面工作，一方面學習。

兩年後他回國進入媒體業，後來他的主管被挖角到大陸，問他要不要一起去，他心想去歷練一下也不錯，就去了大陸工作。在大陸他做的是廣告業務，做得相當不錯，為公司爭取了不少生意。

後來大陸的雜誌經營不善，他才回台灣，進入一個七個人的小刊物，他名為總編輯，事實上無所不做，要編輯、要採訪、要寫稿，也要做業務爭取生意，刊物才能生存。

工作很辛苦，但他沒有抱怨，他成為公司最重要的人。

面談完之後，我就確定這是我們要用的人，他也是一個對的人。從他小時候的經歷來看，他是吃苦耐勞、認真負責的人。他打桌球、編刊物，也代表他是一個多才多藝的人。他去中國工作、出國打工，說明他是不受限，對新事物好奇的人。

最重要的是，他一肩扛起刊物的營運，在這個小公司無怨無悔的投入，他是一個可以託付重任的人。

我和他面談近三個小時，徹底了解他成長的歷程，也從許多小事，知道他的性格及價值觀，從他的人生故事，我幾乎看透了這個人的一切。

要了解一個人，做一次深入的面談，要挖掘出他人生的遭遇和轉折點，並從其中看出他的價值觀，從價值觀就可以看透一個人。

後語：

❶從小到大的深度訪談，是了解一個人的必要過程。

❷訪談中要特別關注對方在成長過程的關鍵轉折，遭遇困難、危機時如何克服？他相信什麼？他的價值觀為何？決定一個人是什麼人。

43 小善似大惡，大善似無情

人生最大的悲劇，是容忍小惡，當別人犯小錯時，不忍苛責，此時的容忍是小善，但卻造成對方日積月累，形成大錯，這就是「小善似大惡」。

而有些不得不做的事，雖然會對當事人產生傷害，但為了大局，不得不為，這是「大善似無情」。

在稻盛和夫的傳記《一生懸命》（思い邪なし）中，寫到他進入日航進行調整時的所作所為，有一句話形容：「小善似大惡，大善似無情」，這句話的意思是如果對小事容忍，不劍及履及的去改善，這是最大的壞事；反之有些必要的大事，看起來是無情無義的事，但是卻一定要去做。

在稻盛和夫整理日航第一年年底，他資遣了八十一位機師，八十四位空服員，這完全違反了他堅持的員工至上主義，看起來十惡不赦，可是對日航的整頓，這卻是絕對必要的善事，完全符合「大善似無情」，稻盛和夫為了日航能從谷底逆轉，做了對員工最不友善的事，這是無情的大善。

這兩句話，也適合用在管理者身上，面對部屬，小善也似大惡，當部屬犯錯時，主管因為擔心部屬內心受傷，而不忍苛責；當部屬有缺失時，主管也只是看在眼裡，包容缺點存在，而沒有出言糾正，這些都是對部屬的小善，但是小善的結果是，部屬的缺失不會改進，部屬的錯誤也不會改正，寬容部屬是小善，但卻是造成部屬無法進步的大惡。

在我剛當主管時，就犯了這樣的毛病，我害怕直接指正會引起部屬的不愉快，也害怕部屬傷心，所以部屬犯錯時，我都盡可能包容，期待部屬能自我覺醒，自己修正。但是我不開口明講，部屬對自己的缺點，永遠不會知道，對自己的錯誤，也沒有察覺，不知道改正，結果是整個組織都因而受害，引起團隊的不滿。

最後我領悟到一件事，部屬有缺點，要在缺點還沒變成錯誤之前糾正，並改正。而當部屬犯錯時，也要立即檢討、改進，要讓他知道錯誤，必要時也要接受處罰，接受責備，並採取必要的補救措施。

寬容是小善，但會造成組織受到傷害的大惡，我花了很多年，才改正了這個做主管不應該犯的大錯。

主管執掌組織的權柄，對是非對錯要有明白的態度，當組織中有人犯錯時，要明快處置，就算處理手段有過分殘忍之嫌，也不可有絲毫猶豫。

歷史上有名的故事，孔明伐魏之時，派馬謖守街亭，但馬謖孟浪疏忽，導致街亭失守，蜀軍兵敗。孔明雖然疼惜馬謖之才，但是軍令如山，不得不揮淚斬馬謖。為了維持蜀軍的紀律，斬馬謖是必須的，也可能過於殘忍、無情，但這就是典型的「大善似無情」。

當公司遭遇困難時，可能要資遣員工，以降低成本，這是不得已的作為，也是公司要持續經營必要的措施，對公司而言是大善，可是對員工就是無情。管理者經營公司要保持高效率、高成長，有許多不得不然的作為，其中難免有「小善似大惡，大善似無情」之舉，主管要放手施為，不能猶豫。

後語：

❶每天一杯手搖飲，一杯可樂，圖一時之快，這是小善，但對身體健康影響巨大，這是大惡。

❷若身為執法者，面對殺人犯，我們不得不判處極刑，這是無情的大善。

第六章

成長學習

摸索、學習、閱讀

成長讓人生無可限量，而學習是成長的動力。當我們遇到沒做過的事，我們會先從摸索開始，廣泛理解所有的事務，再決定如何動手去做。

我們的學習動機來自於好奇，因為好奇，我們不斷探索各種新事物，學習也要質疑，才能去蕪存菁，得到真正的知識，再轉化為可用的學問。

閱讀是永遠的學習方法，任何問題，都會有一本書可以解答，保持每月或每週讀一本書的習慣，讓我們能持續成長。

44 在摸索中學習解決問題

人生總會遇到從沒做過的事，或不知道怎麼做的事，這時候我們只能摸索，嘗試在沒有路中走出一條路來，這種摸索的經驗，非常寶貴，只要學會，我們就可以突破未知的困難。

年輕時剛當記者，沒想到報社派了一個從沒有人做過的任務給我，要我一個人負責採訪全國企業界的新聞。

當時我在《中國時報》，之前《中國時報》的財經新聞都以總體經濟、財經政策為主，因此所有的記者都是守著財經部會採訪新聞，後來覺得產業及企業新聞增加，必須強化企業新聞，因此把我調出來，專門採訪產業及企業新聞，我一個人必須面對全國幾十萬家企業及所有的產業。

當我接到這個任務，完全不知從何下手。過去採訪新聞的習慣，首先我們必須要有一個地方去，那個地方會源源不絕的發生新聞，等待我們去採訪，這地方可能是經濟部、財政部，可是現在我沒有一個地方可去，全國幾十萬家企業，我每天要去哪裡採訪呢？

其次是每天都可能有事發生，可是我又如何知道哪裡會有事呢？要如何事先知道要去哪裡呢？

我做了一個月的無頭蒼蠅，每天疲於奔命追新聞，要不就是無所事事沒新聞，後來，我逐漸找到一些工作的頭緒。

首先我確定有事發生，而且報社值得追的新聞都是大的企業，所以我首先必須要先掌握這些大企業的動向。

我自己先列出三、四十家大集團企業，這是我必須先掌握的對象。我開始有計劃的每天採訪一家公司，想盡各種辦法見到老闆、認識老闆，如果見不到，至少要先認識公關人員，取得日後可採訪的對象。

而這些大企業，三不五時也有新聞必須發布，這時候就需要記者幫忙，我會適時的展現威力，盡可能的把它們的新聞發得大、發得好，讓它們有面子，而日後我如果想要採訪什麼，它們也會全力配合。

我這樣的採訪策略，很快的就認識了許多大老闆，他們也視我為大記者，對我的採訪要求，也會全力配合。

除了掌握重要的大企業以外，我還必須要掌握產業。每個產業都有公會，而台灣當時重要的產業公會也不過十幾、二十個，像紡織、石化、電子電機等公會，我把這些公會當作我固定採訪的對象，每天總要輪流去兩、三個公會，以掌握他們產業的動態。

我不只掌握公會，還在每個產業布建「深喉嚨」，每個產業都有和我非常要好的朋友，以便若產業有重要大事發生時，有人能提供最深入的消息。

透過這些方法，我真的就一個人採訪了全台的企業界，也很快的建立起企業界人脈，當時只要是台灣知名的企業家，我都會有幾次深度採訪經驗，這個從來沒人做過的採訪工作，我勝任愉快，也開創出在大眾媒體寫企業報導的風氣。

當我面對問題時，我不會畏懼，我會不斷探索可能的解決方案，然後在測試中逐漸修正，問題最終必會解決。

後語：

一個人採訪全台灣企業界的新聞，這根本是一個不可能的任務，我從大企業下手，再掌握各產業公會，再在各地認識可以提供訊息的「暗樁」，我布下了一個可以得到新聞的網，我在摸索中找到方法。

45 學習、質疑、轉化、內化

學習有四步驟：學習、質疑、轉化、內化。學習是態度，對任何事都要認真投入學習，而質疑是關鍵步驟，對任何知識、任何技術，都不能無條件全盤接受，要思考其正確性、合理性，且要不斷問為什麼。然後才是轉化，把知識用自己的話說出來，最後才內化吸收。

學習是改變一個人的唯一方法，也是一個人邁向成長的途徑。但學習要有正確方法才會有效，知識才能真正為自己所用。正確而有效的學習方法包括四個步驟：學習、質疑、轉化、內化，所有的學習都要經過這四個步驟，才能累積真正的知識，必要時，知識才能真正使用出來、發揮效果。

第一個步驟：學習，指的是要有持續不斷的學習精神，不論做任何事、不論任何年紀，都要努力學習。八十多歲的張忠謀，對所有先進的知識，從不陌生，卻仍持續學習。不論任何知識，也不論知識對我是否有用，都應抱持學習精神。學習就是要與時俱進，每天都要進步，有了這樣的態度，人才會成長、才會有所成就！

第二個步驟：質疑，則是學習正確知識的關鍵。

遇到問題，我們會尋找老師或管道去解答，也不時會遇到各類專家提供各種專業意見，這些知識可能對，也可能錯，尋找解答的過程中，我們也可能問道於盲，所以學習的過程中，一定要經過質疑。

質疑並不是否定所接受知識的正確性，因為學習的過程中，遇到錯誤的知識並不多，質疑只是要真正學會知識、加深對知識的理解。

學習中的質疑，就是要不斷問「為什麼？」並且找出合理的解釋，當我們給「為什麼」找到合理的解釋時，才能真正信其說法為真，而此說法也才能變成我們真正可用的知識。

沒有經過質疑的相信，是被動的、是強記的、是不深刻的，也可能是表面知其然，可是內心並不知其所以然，這樣的知識是膚淺的、是無法被徹底活用的。

每當我們聽到任何描述，一定要問：這是真的嗎？然後追問為什麼是真的，我們可以透過老師講解，理解為什麼是真的，當然也可以透過自己的思考、分析，找出其為真的道理。一旦我們透過質疑，然後再相信，我們就會知其然，也知其所以然，這才是真懂。

學習的第三個步驟是轉化，轉化指的是把我們經過質疑後真正理解的知識，嘗試用自己的話講出來，如果能完全用自己的話，把知識清楚解說一遍，且能讓第三者聽懂，這代表我們已將知識轉化成自己的理解，不再受限於原來的傳播者，已可以千變萬化的傳述與運用此一知識。

最後一個步驟是內化。內化是把已經轉化且徹底了解的知識，在自己的知識系統中找到一個位置，是屬於哪一類型的知識？其優先順序為何？是適用在哪一種情境？經過內化後的知識，隨時可以取出運用。

要證明所學的知識已經內化，最好的方式就是找一個場合實際運用，能實際運用的知識，必然是自己知識體系中的一部分，未來可重複使用。

後語：

❶學習的態度是要有無窮的好奇心，對任何事都要努力探索。

❷要考驗學習是否有成，最有效的方法就是找一個場景，實際使用一下，只要知識能用出來，就代表我們已經學會。

46 隨身一冊——每週閱讀一本書

每一個人的學習，最簡單的方法就是讀書。讀書行為是沒有圍牆的校園，只要有一本書在身邊，就是隨時隨地的學習。

讀書可以從每月一書開始，一年十二本書，如果習慣了，可以再進步為每兩週一本書，最後再進步為每週一書。

有一次我到台中建築經營協會演講，在問答的時候，有一位參加者問我：何先生，你現在的工作應該很忙，請問你還有時間讀書嗎？

我馬上出示帶在手邊的一本書。出門前，我覺得在高鐵上，應該有接近兩個小時可以閱讀，所以帶了一本書，隨時可以打發零碎時間。

我記得城邦出版集團成立不久，我們推了一個閱讀活動——我的背包裡有一本書，鼓勵每一個讀者隨時隨身都應該帶一本書，一旦養成這種習慣，我們無時無刻不在學習，也無時無刻不在進步。

後來我們又推出一個閱讀App「隨身一冊」，這也是隨時都可以閱讀的概念，因為電子書下載在手機中，只要有五分鐘以上的零碎時間，我們都可以打開閱讀，這是道道地地「隨身一冊」的概念。

從那時候起，我就養成了隨身一冊的習慣，隨時都有一本書在手邊，可能是紙本書，也可能是電子書。

當我養成隨身一冊的習慣後，我每天的閱讀節奏逐漸穩定：我大約每天早上五點多起床，起床後固定看書一個多小時，這是一天中較長的沉浸式閱讀時間。大約八點多上班，我固定會在辦公室擺一本正在閱讀的書，只要一天中有會議時間的空檔，都是我的閱讀時間。晚上下班回家，如果有空也會趁機閱讀。正常狀況下，平均一天大約閱讀兩個多小時。

如果我在移動中（出差或旅行），我通常會用電子書取代實體書，帶一台閱讀器，裡面隨時有幾百本書，而且在我出門前一定會上Readmoo電子書平台，搜尋最近出版的新書，有中意的就購買下載，以供出門時打發時間。

電子書的出現解決了我長期旅行時的困擾，去較長天數的旅行（七天以上）時，我通常會帶三種書：最輕鬆閱讀的書，通常是小說；知識型的書，通常是工作會需要的書；以及很難讀的厚重知識型的書，三本書通常會造成旅行時極大的重量負擔。可是有了電子書，一台閱讀器就輕鬆搞定。

當我養成穩定的閱讀習慣後，我平均每週大約可以讀完一本書，而全年時大約可以讀五十本，這樣的閱讀數量我認為是非常的圓滿，既沒有太大的閱讀壓力，但也可以保持一定的知識吸收量，讓我能不斷更新我的內涵與視野。

我鼓勵所有的人養成讀書的好習慣，讀書代表了一個人在學習、在求知、在進步，也代表一個人能跟上時代進展的腳步，與時俱進。如果無法達到每週一書的節奏，也可以先設定每月一書，一年十二本，也是不錯的目標。

後語：

❶隨身一冊是一種習慣，隨時都帶一本書，可以填滿所有零碎的時間。

❷電子書是現在深度閱讀最好的選擇，因為可以畫線註記，可以把全書的重點全部集結起來，很好複習。

47 讀書無用，因為都沒在用！

讀書是隨時隨地的學習，但讀書非常講究方法，如果方法不對，讀書完全不能發揮作用。有人只讀書，不運用，這就是最大的錯誤，書中的知識要活用才有用，如果只是記住，但沒有實際運用，那就是讀死書。

我有一個同事，非常喜愛讀書，每年總要讀數十本書，說起各種名人軼事，歷史典故，頭頭是道，可謂滿腹詩書，出口皆學問。

可是他工作卻經常犯邏輯上的錯誤，思考問題也常自相矛盾。我很納悶，他那麼愛讀書，知識都讀到哪裡去了？為什麼對他在工作上的幫助不大呢？

理論上愛讀書的人，對思考、分析事理有極大的幫助，能運用書中的知識，活用在日常生活及工作上，也有助於決策判斷。如果沒有這種效果，書不就白讀了嗎？

日子久了，我終於慢慢理解他的問題。他是一個讀死書的人，博學強記，他會記住每一個細節，但他不太消化，並沒有把書中的知識，轉化成自己系統化的邏輯，所以遇到問題，當然無法有效的轉化、使用。讀書無用，因為讀了書都沒在用，這是他讀書最真實的寫照。

我讀的書並不多，但我讀書非常強調：有用、能用、常常用。「有用」指的是我讀的每一本書都有高度的目的性，我缺乏那一種知識，我會定向閱讀，目的是在補不足。「能用」指的是在閱讀的過程中，會把有用的知識運用在工作或生活中。

尤其在我閱讀商業管理書籍時，由於此類圖書和我的工作直接相關，我通常能學到有用的相關知識，有些書是觀念啟發，這些觀念有的是過去我完全不知道，這時我會立即吸收，把這種觀念直接變成我相信的事，並立即運用到工作上。

舉例來說，當我讀到彼得．杜拉克（Peter Drucker）的《創新與創業精神》（*Innovation and Entrepreneurship*）時，書中提到創業一定要對現在的生意模式有所突破，這才是真正的創業，從此我的創業一定要選擇絕對的創新生意，絕不做已經有人在做的事業，這樣的觀念影響我一輩子。

有些書內容是介紹全新的工作方法或知識，我讀完之後，務必把全書的方法學會，並立即運用。例如我讀了一本書叫《精準訂價》（*Confessions of the Pricing Man*），描述了企業所有的訂價理論與實務，我也立即學起來，用在工作上的訂價決策上。

就算是讀文史哲的書籍，雖然不直接與工作相關，我會強迫自己在書中得到啟發。總之，讀任何一本書，都要有所得，也一定要強迫自己把所得到的知識用出來，因為只有用出來，才真正學會，也才真正讀懂書中的道理。

「常常用」則指的是我讀完一本書之後的兩、三個月之內，一定牢記書中的新知，並把它用在工作中，大多數是強迫比對使用，把看似不相關的事，強行套用書中的道理，這樣做也常帶來新的啟發。

讀書一定有用，關鍵在常常用，強迫用。

後語：

讀書不是目的，要把書中的知識，有用、能用、常常用、拿出來活用，讀書才能真正發揮作用。

48 從說一個故事開始

職場中，所有的事都是學出來的，我寫專欄的方法，是「從說一個故事開始」，這是我歷經數十年的寫作而學會的方法。這個方法我也應用到說話、溝通、做簡報、演講，都可以從說一個故事開始。

《商業周刊》創辦了近三十年，我也寫了近三十年專欄，寫文章對我不是難事，半個多小時就完成了，可是文章的受歡迎程度卻大大不同，在這三十年的寫作過程，我可是如人飲水，冷暖自知，我一直到近十幾年來，才逐漸找到最佳的寫作方法。

所謂最佳的寫作方法，用一句話就可以說完，那就是寫文章，從說一個故事開始。

剛開始時，我的專欄以論述居多，從頭到尾都在探討一個問題，可是似乎讀者不太愛看；後來我無心插柳，文章破題從一個故事開始，之後再展開論述，沒想到這樣的寫法讓傳閱率提高了，我慢慢發覺讀者喜歡有故事的文章，於是我逐漸嘗試寫有故事的文章。

最後我逐漸摸索出最佳的專欄寫作方式：那就是文章從一個故事開始，約可占全文的三分之一，然後進入主題的延伸論述，這也可占三分之一，最後再做三分之一的結論，「三三三」的切割方式，構成了我專欄的最佳結構。

所以寫專欄就要尋找一個能呼應主題的好故事，只要有一個好故事，文章就會有賣點，而且最精彩的文章是全文就是一個故事，說完故事，文章所想表達的含義已躍然於字裡行間，完全不需再有任何註解。當然故事或長或短，皆可安排，反正文章要以故事為核心。

故事最好由我生活周遭取得，這最有真實感，我說我發生的故事，最自然，最順理成章。可是如果沒有能呼應主題的故事，怎麼辦？這就要多費點周章，要到處去蒐集。必要時，我還要編一個故事，所謂編故事，並不全是無中生有，而是把生活工作中發生的某一個橋段，加上前後的劇情，以變成故事，這也是有所本，再加上一些想像。我所編的故事中，也不乏極受歡迎的文章。

我除了寫文章從一個故事開始之外，我也將其擴展到說話、溝通、簡報、演講，這也有十分良好的效果。

我發覺與人溝通，如果只是講道理，通常不易為人所接受，可是如果我先從說故事開始，反而會發生極佳的效果，因為人們愛聽故事，易懂易記，再由故事延伸出具體的論述及意涵，更會讓人印象深刻。因此我盡量不要開口說話，如要開口，我盡量講故事。

我的原則是：只要進行三分鐘以上的發言，我就會盡可能從一個故事開始，就算發言的內容是極嚴肅的議題，我也會設法找個故事。最短的故事，我可以在一分鐘之內講完，就算發言三分鐘，我還有兩分鐘可以表達延伸論述及結論，不至於影響發言的完整性。

為了隨時可以說故事，就要隨時準備各種故事題材，生活工作中，隨時都要記下有趣、有意義的橋段。閱讀各種訊息時，也要記住各種故事，這樣才可能隨時可以說故事。

後語：

❶ 做任何事都要從不斷重複做的過程中找到最佳方法（best practice）。最佳方法會最有效率：投入最少，但產出效果最大，任何事都是學出來的。

❷ 說故事的題材，要在生活中隨時發覺、不斷累積，然後才能隨時說故事。

49 工作者要知道喊救命

職場工作一定會遇到各種困難，遇到困難，找人協助是天經地義的事，第一個求助對象是同事，同事要互通有無、互相協助、交換經驗，所以詢問同事是天經地義的事。第二個請求協助的對象是長官，長官本來就要協助部屬完成任務，所以部屬向長官求救，也是應該的。但重點是遇到困難，要勇於喊救命。

一個部門主管向我訴苦，說他們做了一本合印（指和國外出版商一起印刷，然後進口販賣）的書，因為從來沒有做過，不知道如何進口、如何報關。他的團隊摸索了一、兩個禮拜，終於才弄懂，浪費了許多時間。他為同仁因為不懂、沒人可以問、沒人可以教，沒有效率感覺十分痛心，他建議我，公司內應該要有人可以教導，不應該由他們自己摸索。

我說集團內很多兄弟姊妹都有在做合印書，你為什麼不去請教他們呢？

他回答：我知道有人會做合印書，但我們和他們又不熟識，不太好意思去麻煩別人！

我又問：你遭遇困難，我是你的直屬主管，你為什麼不來向我求救呢？

他又回答：我覺得這是我們自己的事，當然應該由自己解決，我不好意思麻煩何先生您啊！

聽了他的回答，我不禁長嘆一聲，這麼老實的員工，遇到困難竟不知道向同事求援，也不知道向老闆求救，只靠自己硬著頭皮想盡辦法解決。最後雖然解決了，可是已經浪費多少寶貴時間，實在是太缺乏效率了。

記得我剛開始工作時，也十分害羞，對老闆交代的事情都想盡辦法使命必達，就算有困難也不敢說，總是設法自己解決。許多時候，因為自己的「硬頸」、愛面子，讓我走了許多冤枉路，直到有一天發生了一件事，才讓我學會，遇到困難時不能悶在肚子裡，要知道喊救命。

當時，我的老闆叫我去辦一個活動，這個活動要找十家贊助廠商，每家要出二十萬元贊助活動經費，而我的工作就是要去招募這十家廠商。

老闆給了我一個月去找廠商，我就每天跑斷腿、努力找。第一個十天我找到三家，可是第二個十天，我只找到兩家，到最後一個禮拜，我還是缺五家，就在我十分心慌、不知所措時，我的老闆找我了，他問我狀況如何，可以如期完成嗎？我據實以告，尚缺五家，只剩一星期，我沒把握可以完成！

老闆問我，既然遇到困難，為何不向他求救呢？我說：這是我的工作，完成不了是很沒面子的事，我不好意思向老闆求救。

我的老闆說了我一頓，這個工作，他早已預期我無法完成，他也早有準備，在我向他求救時出手幫忙，只是我始終不開口，他只好出口追問。

老闆告訴我，工作隨時都會遇到各種困難，如果所有工作我們都能完成，就代表我們還沒遭遇真正困難的工作。而遇到完成不了的工作，是稀鬆平常的事，要知道去向別人請教，在必要時更要會向主管喊救命，請主管協助，這是理所當然的事。

身為主管，替部屬排難解紛，協助部屬完成任務，是分內的事。但前提是，部屬遭遇困難時，要主動喊救命、主動尋求協助，主管才會知道該出手了。

工作者不要怕向主管喊救命，這不是什麼大不了的事！

後語：

好的老闆對部屬的能力早已知曉，能不能完成任務也清楚明白，對部屬的求援，通常是早有準備，可是如果部屬不開口請求協助，反而會錯過救援時機。

50 勇敢開口

學會賣東西是人生必修的課程，而賣東西最難的就是賣給自己人、親人，因為是自己人，總覺得不好賺自己人的錢，通常會用送的，反而變成自己的負擔。其實賣東西，首先就要從親人下手，只要他們有需求，就有機會主動購買，親人如果不開口，我們也可主動詢問，不要錯過任何機會。

一個過去的同事，自己出去創業，開了一個有機健康便當店，非常好意的送了兩種款式的健康便當到我辦公室來，讓我品嘗，還告訴我，他們的便當都經過專業營養師搭配，完全合乎健康及營養標準，對血糖過高的人，特別有幫助。

我吃了他們的便當，口味真的不錯，相當好吃，唯一覺得稍有不足的就是飯少了些。

當天下午，這位同事就打電話來問我的意見，我如實以告。他回說，飯少了些就因為是營養師配的，因為我不能吃太多碳水化合物，我謝謝他的費心。

他又說：未來他會三不五時持續送便當來讓我享用。我立即回絕，我告訴他我會自己買，讓他不用再送來。

我同時又告誡他：試吃一次就夠了，接著他就應該直接開口，向我要求訂購。自己創業，要把握各種推銷的機會。

他告訴我，我是他的老長官，他不好意思向我開口，才會說要繼續送我吃，他還說，對其他的對象，他都會直接要求訂購。

我對他說，這樣的話，他還沒有真正開竅，自己創業做生意，上陣無父子，就算親如父子、兄弟，也要勇於開口，任何生意都不能放過。

這是我創業了許多年，也學習了許多年之後，才學到的推銷訣竅，不論碰到任何人，都要勇於開口去推銷。

我率先突破的障礙是對陌生人開口，反正是不認識的人，本來對生意成交的期待就沒有很高，就算被拒絕也是理所當然的事，所以我勇於向陌生人開口談生意，也勇於去推銷。就這樣在一次又一次被拒絕中，我慢慢學會銷售技巧，也學會面對拒絕。

可是向陌生人談生意，畢竟是比較困難的，我也會常想，我何不向熟人談生意呢？可是雖然有這樣的念頭，始終無法克服面子上的問題，總覺得向朋友推銷，有一種說不出口的為難。

有一次，我有一個好友主動向我買東西，他還問我，你不是在賣某種商品嗎？而他對這個商品是有需求的，可是我卻從來不向他開口，讓他覺得很奇怪，最後才主動向我開口。他認為，我不主動開口賣東西，這是很見外的行為，也是很奇怪的事。

從這次以後，我不敢向認識的人開口賣東西的心結打開了，我會像一般人一樣，向他們介紹我所販賣的商品，也順道詢問他們是否有需求，需不需要我的服務。當然，因為是熟人，給他們打點折扣也是難免的。

我最後突破的生意對象是自己的親人，因為是親人，我總覺得不應該向他們收錢，所以只能送，可是我又不能天天送、常常送，以至於親人之間反而會陷入尷尬的情境。最後我才想通了，生意場上無父子，貨照賣，錢照收，這樣的親人關係才長久，頂多偶爾送一下免費的商品。

對任何人，都要勇敢開口，才是生意的王道。

後語：

推銷產品，先送試用品是常見的行為，送過一次後，就應該詢問回饋意見，以作為未來改進的參考，而最後一定要開口詢問要不要購買，這是銷售的標準流程。只送贈品，不問要不要買，那贈品就白送了。

第七章

他山之石

努力、自律、決心、方法

這本書的內容，大多數來自我個人的經驗，也是人生體悟，但是我一生中獲得許多別人的啟發，他們的故事，往往給我當頭棒喝，豁然開朗，這是千金難買的他山之石。

稻盛和夫是聖人，也是偉人，可是他是用別人無法企及的努力，堆砌起一生的功業，我雖自詡全力以赴做事，但比起來仍汗顏。

一個作者退休之後的自學，讓他成為一方名家，他的關鍵是自律，每天持續不斷的鑽研，成就不可思議的人生。

做事下決心也是成功的關鍵。一個朋友用決心，成功買到滿意的房子，另一個朋友用決心，成就美滿的婚姻，都值得學習。

任何事都要講究正確的方法。正確的方法，會買到會漲的土地，也會交到知心的好友，成為一生的助力。

51 付出不遜於任何人的努力

稻盛和夫是日本的經營之聖，他成功的建立了京瓷及KDDI兩家大公司，他信守的成功法則是：付出不遜於任何人的努力。這意思是稻盛和夫要和全世界所有的人一樣努力，他至少要和全世界最努力的人看齊，這是多麼可敬的決心。

最近讀稻盛和夫的自傳《一生懸命》，在最後的參考資料中，附錄了經營十二條，其中第四條是：付出不遜於任何人的努力。以及六項精進的第一條，也是付出不遜於任何人的努力。在稻盛和夫信守的原則中，竟然重複提到，可見他對此一原則的高度重視，也證明這是他一生立身處世的關鍵信仰。

稻盛和夫從一畢業在松風企業上班時，做事就是拚命三郎，幾乎是靠一個人的力量，就研發出陶瓷產品，期間也正好遇到罷工，稻盛為了不參與罷工，把大量的罐頭等糧食，以及鍋具、燃料、被褥等都帶進工廠，住在工廠全力生產產品，讓客戶不致斷貨。稻盛的工作精神，令所有人感動。

稻盛在創業之後，更是全力以赴，其中有一個關鍵事件，就是在昭和四十一年四月，京瓷接到了來自ＩＢＭ兩千五百萬個ＩＣ氧化鋁基板的訂單，這筆訂單挹注一億五千萬日圓的營業額（當時京瓷一年的營業額才五億日圓），這是值得大肆慶祝的事，可是接到訂單，才是考驗的開始。

稻盛和夫想盡了各種方法，都無法做出合乎客戶需求的產品，好事變成一場噩夢。

為了解決問題，他決定住進滋賀工廠的宿舍，每天不眠不休的研究。他經常半夜昏昏沉沉的起來，走向工廠，和大家一起挑燈夜戰。

他就這樣把一切都投注在工作上，最後甚至還抱著向神明乞求的心情，努力不懈的結果，終於做出讓ＩＢＭ滿意的訂單，這件事情震驚了日本的產業界。

稻盛對自己也極為嚴格，有一次他走在京都街頭，有家百貨公司，掛著「男裝新春特賣」的大布條，稻盛不自覺的看了一眼，然後喃喃自語：「我真是個大笨蛋，竟然還看了特賣的布條，沒專心投入工作，真丟臉！」稻盛就是這樣一心一意投入工作，他一生都是如此。

稻盛沒有要求自己是全世界最努力的人，這是太難達成的境界，所以稻盛只要求了一個比較的標準：不遜於任何人的努力，意思是這世界上只要有人在努力做事，那我也就要同等努力投入。

每個人都會有休息的時候，當我們在休息滑手機時，當我們在看電視追劇時，當我們在旅遊玩樂時，當我們在看小說殺時間時，我們都要想，這時候、這世界一定有人還在努力工作、努力學習、努力自我修養，我們就要警惕自己回到工作、回到學習，才不至於落後。

稻盛和夫是經營的典範，也是工作的典範，「付出不遜於任何人的努力」，可以作為每個人自我期許的標準。

後語：

稻盛和夫是企業經營的成功典範。每一個人都嘗試學習，但稻盛和夫的成功，卻只說明了極簡單的道理：就是和全世界最成功的人一樣努力，這是極難達成的境界。

52 值得信賴的人

這世界有一種可以信賴的人，這種人或許會遇到挫折、陷入困頓，但他只要不死，總有一天會回來，對所有的人給予清楚明白的交待，告訴所有人，他永遠是個可以信賴的人。

我們的問題是：如何辨認誰是可以信賴的人？

年初六開工第一天，我約了一個多年前曾幫忙過的年輕人，他說他的創業去年進入了「好活」的階段，已可穩定賺錢，雖然不多，但過個溫潤的小日子尚可，這是他告訴我的好消息。

過去幾年春節，他都會送來基隆夜市的白煮豬腳，他知道我喜歡。今年他還帶來好消息，告訴我借給他的兩百萬，他會先還給我其中一百萬，另一百萬在未來幾年，他會走高價買回，讓我賺一些錢，就當長期投資他的公司，算給了我一個交代。

從多年前借錢給他創業，因為認同他是值得協助栽培的年輕人，我就沒有指望回收。聽到這些消息，我有些喜出望外，我畢竟沒有看錯，值得信賴的人，終究值得信賴。

過年前我收到簡訊：何先生，這幾天我會再匯十萬元給你，謝謝你的協助和諒解。

這是去年我借給朋友的一百萬，最近這幾個月，他隔三差五就會匯個五萬或十萬，總共也已還近幾十萬，他盡力在做他該做的事。

這其實違反我的原則，我不借錢給朋友。當時這位朋友打電話來，說做生意臨時有困難，缺了一百萬，看看我能不能幫助。他是打球的朋友，平常打球認真，也熱心公益，每年都會做球衣送球友，是個值得信賴的朋友。

基於對他過去的認識及好印象，我竟在電話中就答應，我自己都覺得不可思議。沒想到借錢之後的第二個星期，他就打電話給我，說他做生意被別人騙了，不只血本無歸，甚至連公司都可能不存在了，他向我抱歉，希望我給他時間，讓他慢慢還。

我有些後悔，為何如此輕信別人，感覺有點像受騙，但也沒辦法，只好自認倒楣。

接下來過了半年，他就先還了十萬，再過幾個月，又還了五萬，我開始重拾對這個朋友的信心，他也是一個可以相信的人。

這是我在台灣的經驗，只要人對了，不管他遇到什麼困難，終究是可以信賴的人。

我在中國也有類似經驗：二〇〇〇年初，我在北京遇到一個年輕人，十分有才氣，也努力創業，我被他感動，前後投資人民幣兩百萬元，但卻越陷越深，一直沒有起色，我對他很失望，後來就接觸少了，任由他自生自滅。

沒想到幾年後，他聯繫我：告訴我他成功做成了一筆生意，賺到大錢，終於能把我投資的錢還給我，除了本金之外，還包括一些利息錢。

聽到這個消息，我十分意外，一個被我放棄的人，竟能逆轉勝，還願意把我當年投資的錢還給我，這真是一個好人，也是可以信賴的人。

我的結論是，這世界還有許多好人，只要小心觀察，這世界不缺可以信賴的人。

後語：

❶我做了許多次的天使投資人，每次出手，我幾乎是不看投資企劃書，只看人對不對，只要人對了，值得支持，我就出手。這樣的直覺，約有八〇%都是正確的，因為他們都是可以信賴的人。

❷我不借錢給別人，如果要借錢，就不指望收回，以免收不回錢，而感到懊惱，但也會因為人對，而打破原則。

53「買就要買會漲的，不是買便宜的」

商品價格的波動，完全取決於供需關係，追逐者眾，則價格上漲，追逐者少，則價格下跌。可是從投資的觀點來看，訣竅就是買低賣高，每個人都是想低價進貨、高價出貨，買便宜的東西是不變的道理，可是如果便宜的東西永遠不漲價，那也就不值得投資了。

許多年前，和一些企業界朋友一起到金門旅遊，好山好水以及戰地風情令所有人印象深刻，但當時的金門旅遊尚未發展，公共建設都處在非常原始的階段，這也使這些朋友看到機會，覺得投資金門大有可為。

其中一位朋友看到正要快速發展的金門，覺得未來土地一定奇貨可居，而決定購買，並透過當地友人介紹，進行議價，卻都覺得較諸一、兩年前的價格已經太高，無法下決心購買，因而請友人持續尋找，看看能不能找到還沒上漲、便宜的土地。

他整個議價的過程，我都在一旁觀察，我一直覺得他的思考邏輯有問題，有一次聊天，我就說了：「買土地買的是未來，要買會漲的土地，不是要買便宜的。」意思是投資土地，看的是未來可能的漲價空間，要會漲才值得投資，而不是只想便宜，便宜的土地可能未來沒有發展，所以沒有人看好，才會便宜，便宜的土地才不值得買。

他聽了我的話，想法改變了，終於出手買了一些地，這件事過了，也就忘了，我完全不記得有這回事。

許多年後，有一天在飯局中談起這一段，他說，我當時說的那句話：土地要買會漲的，不是買便宜的，讓他豁然開朗，茅塞頓開，而決定出手，這些年來，金門的土地大漲，他買的地也大有收穫。他非常感謝我的提醒。

其實我的話完全是普通常識，沒有深奧的學問。任何事物都是需求與供給的關係，追逐者眾，價格必然上漲；追逐者少，價格不會漲或者會下跌。而為何有人會追逐，必然是有需求，有需求就會引來追逐，引起價格上漲。

當時的金門，已開始發展，因此有些熱門地段，土地價格已有一些波動，而我的朋友覺得價格已高而猶豫，想尋找便宜的土地，殊不知已漲價的土地才是好地段，便宜的土地可能未來沒有發展。好地段的土地未來一定持續上漲，只要經濟發展，價格一定更高，所以土地要買會漲的，而不是買便宜的。

同樣的道理，也適用於房子。房子和都市發展有關，有發展的地段，房價看漲，而隨著發展越來越熱鬧，價格也會越來越高，會漲的地方，永遠不斷漲價，而不會漲的地方，價格永遠便宜。

買股票，也有類似的道理，低價的股票，如果沒有交易量，表示完全沒有人注意，也沒有人有興趣，價格要上漲，除非營運上有大轉機，否則不值得購買。

有交易量的股票，有人氣，價格才會波動，要買時買得到，要賣時才賣得掉，會漲也會跌，才有價差可賺。

從投資的觀點，買東西要買會漲的，不是買便宜的！

後語：

❶投資商品如果想的是賺價差，要低買高賣，那就要記住一句話：「買就要買會漲的，不是買便宜的」，這是追價差的原則。

❷金門的土地事後證明：當時便宜的土地，沒有發展，地價也不會漲，而當時已經上漲的土地，數年之後，更是水漲船高，不斷上漲，所以會漲的不斷漲，不會漲的永遠都不漲。

54 下定決心要結婚！

這是我聽過最有趣的結婚的故事：當我們大聲許願，全世界都會一起來幫你完成。

一個小女生，大聲宣布明年要結婚，並要求所有的人一起幫她介紹對象，果真經過許多次相親之後，就找到Mr. Right，透過量果真找到質。

一個年輕人說起了她的結婚故事，極具啟發性：

有一年年終，這位年輕人與朋友聚會，會中她許了一個願，要在一年內結婚，大家問她：妳有對象了嗎？她說沒有；那要如何結婚呢？「就從現在開始努力交往，而且所有人都有責任，每個人都要替我介紹五個人，讓我相親。」

她這樣要求所有朋友。

這一年中，果真所有的朋友都齊心協力，努力幫她物色合適的對象，並介紹他們認識，果真認識到第十五個男性朋友，她就找到真愛，就在這一年年底，如願結婚了。

她和我分享她的結婚歷程，也補充了其中一些奧妙。其一，這場年終聚會，是她悉心策劃安排的，首先所有邀來的朋友，背景就都不一樣，涵蓋了各種行業，以及社會各個階層，以確保他們都會認識很多人，也能替她介紹男朋友。

其二，她要在聚會中公開宣示要結婚，把她的結婚，變成所有朋友的共同目標與責任，促使大家努力一起幫她。

有了這兩個要件，就可以確保她有足夠的男性朋友的「流量」，有源源不斷的男性朋友供她選擇，而有了「流量」，就可以從中過濾出品質，找到Mr.

Right，結婚的目標當然可以順利完成。

這個故事極具參考價值，說明了做人處世的一些最基本的道理，做人做事一定要先下決心、正向思考，當有決心、想法之後，就有可能心想事成。

大多數人對未來都抱持著懷疑的態度，雖然有目標、想法，但大多數人只敢把目標放在心中，不敢大聲說出來，深怕說出來，事後做不到，是一件丟臉的事。再加上大多數人對目標的實現，沒有十足把握，因此只能把目標放在心中，就不是真正下決心，只是一個若有似無的方向而已。

真正的下決心，就是百分之百相信，這件事情我做得到，而且不只做得到，還敢勇敢的壓上完成日期，限期完成。這樣的決心，當然能大聲說出來，當我們大聲的許願，全世界都會一起來幫助你完成。

有了決心，大聲說出來，只是完成目標的第一步。第二步是要有具體實踐的方法。

這位如願結婚的年輕人，她行動的關鍵步驟是去報名念ＥＭＢＡ，在念書時，她遇到了來自各行各業的人士，首先擴張了她交友的人脈，也擴張了她交男朋友的範圍。

而具體的行動是要求每一個朋友，幫她介紹五位男士交往，當所有的朋友都把介紹男士當正事辦時，確保她會有效的找到正確的結婚對象。

從擴大交友範圍，到擴大交友數量，到不斷過濾，選擇好對象，這就是一套具體可行的目標實踐的方法。

只要有決心、有想法、有方法，連結婚都可限期完成，還有什麼事做不到？

後語：

❶先下決心，並要求大家一起幫妳，是實現願望的第一步。

❷訂下第二年要結婚的願望，設定目標。

❸擴大交友的範圍，先去念ＥＭＢＡ，讓所有同學一起幫她介紹男友。

55 天下沒有不可能的事

每個人都有既成的印象、既成的想法，很難跳出原有的思考框架，超越這個思考範圍的事，都會被認為不可能。這篇文章要講一個跳脫限制與僵固的想法，進而達成不可能任務的事，極具啟發性。

我的一個朋友，因為小孩子都大了，想換一個比較大的房子，所以就請老婆到處看房子，展開了兩年的尋屋過程。

他們住在台中，仲介就帶著他的太太，在各個重劃區看房子，房子是很漂亮，地點也很良好，可是價錢動輒三、五千萬，高價的還要近億，離他們的目標價位甚遠！

後來我的朋友覺得這樣絕對買不到想要的房子，於是告訴老婆三個條件，要她用這三個原則去找房子。

第一個原則是八十坪到一百坪左右。

第二個原則是價錢要在兩千萬以下。

第三個原則是要高樓，要有很好的景觀，可以看得很遠。

他太太聽到這三個條件，直覺的說：這怎麼可能，如果你不想買房子，那就直接說，何必開這種不可能的條件，去為難人家。

我的朋友認為，房子有各種條件，不去試試，怎麼就認定不可能呢？更何況我的朋友做事一向認定天下沒有不可能的事。

他太太決定試試，不再找那些帶她去看新房子的房屋仲介。她翻出資料，找出十幾年前介紹她買現住老屋的房仲，並且一五一十的開出三個條件，要房仲按照這三個原則去找房子。

這個熟識的房仲，很快就找到了符合條件的三戶房子，供她挑選。她也很快的挑中了一戶，這戶房子的狀況是：二十六年的舊社區，坪數是一百一十坪，位在十二樓，是東西向的房子，兩邊都有景觀。東邊看著台中的老市區，也可以看到太陽升起；西邊則是看著大肚山，可以看到夕陽，也可以看到中科園區，可以說是一戶十分完美的房子。

我的朋友再花了一年多設計整修，終於把房子變成非常完美、溫馨，也很符合現代簡約風的住宅，所有去過他家的朋友，都對他的房子報以羨慕的眼光。

重點在於他的這戶房子，只要一千五百萬，每坪不到十五萬，而且離高鐵站二十分鐘車程，要南來北往，都十分方便。我的朋友按照他開出來的「不可能」的條件，尋尋覓覓，終於找到他理想的房子，他把不可能變成可能。

為何一個完美的結局，在過程中卻被視為不可能的事呢？

人們都會被既成的想法或經驗所拘束。我朋友的太太被仲介帶看的都是三、五千萬，甚至有接近一億的房子，她的經驗告訴她，沒有三、五千萬是買不到房子的，所以聽到兩千萬以下的價格，當然覺得是不可能的任務。

既成的僵固想法或經驗，也會促使人走上完全不同的路，看了那麼多三、五千萬的房子，就使人認為買房子，就是要買新房子，完全忘了還有老房子這種事；看了那麼多地段好的房子，也讓人忘了還有老社區這種事。可是一旦假設前提改變，一切不可能的事都變成可能了！

後語：

❶我的朋友是一個非常務實的人，他準備了兩千萬預算買房子，他就把兩千萬當前提，要求仲介只介紹兩千萬以下的房子，果真仲介達成他的願望，只是案例變成二十六年的舊屋。

❷打破既成的框架，是完成不可能的任務的關鍵。

56 從自律中得到真正自由

一個人要成就偉大的功業，都要投入長時間的追逐，在追逐的過程中，講究孜孜矻矻，長期持之以恆，這就要有高度的自律，才能成為某一類型的專家、成就一番功業。

一個作者，四十二歲從職場退休，從此成為自由人，潛心研究錢幣鈔券，並出版了兩本鈔券專書，成為此一領域的專家，他的專業令我十分欽佩，尤其他並無專業的學術背景，完全靠退休之後的讀書自學，自學的鑽研之深，令人嘆服！

我問他，一切靠自學，就能致此嗎？他笑回：光靠自學不夠，還要能自律，要持之以恆的自律，才有機會。

他告訴我，剛退休時，他就在家中自學、讀書，可是後來發覺在家中並不是一個好的自學環境，容易被瑣事打斷，所以他決定創造一個好的自學環境。他在距離住家兩站的地方，設了一個工作室，他每天一早就離開家，前往工作室自學，一直要到傍晚才回家，創造了一個類似上班的環境，讓自己每天都必須有形式上的「上班」感覺。用這樣的生活安排，來養成固定的自律習慣，有了自律的習慣，他的自學才能突飛猛進。

他的說法讓我恍然大悟，所有的成就，背後都來自持之以恆的自律，自律才是真正得到成就的關鍵。

我是一個自律不好的人，每次下決心去做某一件事，只要是要靠自我控制，從來就是興匆匆起頭，但過幾天就放棄，從沒有成功過。我也知道自己並不是高度自律的人，因此我從來就不敢離開組織的規範，讓自己變成一個自由的人。

我的意志控制不了我的行為，許多應該要做的事，卻會因我自己的懶散，而拖延、而錯過，所幸我知道自己不是一個自律的人，因此更不敢放任自己成為一個真正自由的人。

自律不成，我只能靠他律，他律是什麼？是組織的要求，組織的規範，只要在組織中，我就必須完成組織交付的任務，會促使一個人去完成必須完成的事。

還有一種他律，是對別人的承諾，我是愛面子的人，對任何人的承諾都會謹記在心，務必完成。這也是另一種他律。

我不能想像如果我四十二歲就離開職場，過自己的生活，我將會是什麼樣子，我極可能從此放浪一生，一事無成。

這個作者的經驗，提供了我們自律的重要啟示：如果自律都要靠自我的意志力來完成，這是極不切實際的。如果他從頭到底都是在家中自學，但因家中是休息生活的地方，要改變是困難的，因此他選擇創造自學的環境，每天都要去執行自學的儀式：要穿戴整齊，出門搭車，前往工作室，然後在工作室展開一天的自學。

透過環境的改變，透過行為的改變，讓自己養成自學的習慣，然後每天持之以恆，日久成習，這就是真正的自律。

真正的自由人，有最嚴格的自律，能持之以恆，永遠的自律，才有資格談自由；不能自律，只能靠他律，這是為什麼大多數人離不開組織的原因。

後語：

❶每一個人的意志力都有限，很難長期遵守，所以一定要靠外界的約束，才能達成自律。

❷這位鈔券專家，他協助自律的方法，是營造一個可以安靜研究的工作室，每天一早準時上班，傍晚下班，這就是他達成自律的外部限制。

57 求了五年，終於求成小股東

這是我的幾個老同事的創業故事，我和他們都是時報系的老同事，他們以財務資料彙整為核心，組成了一個財務資料庫公司，把財務資料供給銀行、證券公司及投資單位，由於投資人的專業非常完美，我判斷他們必定成功，所以求了許多年，終於成為他們的小股東。

我三十四歲創業，還有一些同事也選擇了創業的路，這些同事合組了一個公司。剛開始前幾年，他們和我一樣也面臨虧損的困難，我們同病相憐。只是他們雖然虧損，可是公司卻也能夠穩定成長，我分析他們公司的狀況，我判斷未來成長可期，絕對可以穩定賺錢。

基於這判斷，我幾次向他們提出我想投資他們公司的想法，他們覺得很奇怪，問我：公司在賠錢，為什麼會想投資呢？

我回答：公司雖然仍在賠錢，可是也已有一些客戶埋單，顯然產品是受認同的，只是客戶還不夠多，假以時日，未來一定可以預期，會是一門好生意。

這其實只是我想投資的表面原因，我還有一個更確切的理由，支持我的投資。

他們做的是上市櫃公司的財務資料庫，把財報徹底分析後，提供給證券公司、銀行及投資單位參考。我自己分析，要做這種生意，必須有三種要件：其一，要有人非常懂總體經濟跟產業經濟，才能有效率的掌握市場動態。其二，要有人非常懂財務，要能夠解讀公司財報，並校準財報中的誤差，這樣所提供的財務資料才會正確好用；其三，一定要有人非常熟悉電腦及系統程式，因為所有財務資料，都要有一個非常好用的軟體系統，資料才能有效運作。

而這家公司就是由三個創辦人組成：一個是大學的經濟系教授，有足夠的學理基礎經營財務資料公司。另一位是擁有會計師執照，但不去執業，每天只喜歡做數學分析的人，由他領軍整理所有公司的財報，這些財報絕對可信。第三個創辦人是電機系畢業，是對電腦非常熟悉的ＩＴ專家，公司剛創辦、財務非常困難時，他常到別人公司蒐集報廢的舊電腦，回去重新組裝，一樣也能用，寫程式當然也沒問題。

這三個創辦人分別扮演這家公司的一種關鍵角色，而且完全吻合，我想這是一個超完美的組合，這家公司的三大關鍵成功因素，這三個人都具備，這種公司怎能不成功呢？

更何況，這三個人既合夥，又是好友，具備強烈的共識，任何事三言兩語就有共同結論，默契十分良好，合作無間，這又是企業成功的關鍵。

基於這幾個因素，我早早就向他們提出參與投資的意願。可是這幾個人也十分有原則，他們告訴我，很謝謝我看好他們，但因為公司還在虧損，不願讓我冒險，所以婉拒了我的請求。

就這樣，我每年都提出投資的請求，但都一直沒有實現。一直到第五年，他們公司眼看要損益兩平了，又做了一次現金增資，才准許我成為一個小股東，讓我投資了三十萬元，這些年，這家公司每年EPS都接近十元。

這些年來，我觀察公司財務報表通常只是參考，因為財報是落後指標。真正觀察的重點在公司是否具備核心能力，如果具備核心能力，磨合久了一定會成功，這是觀察公司的真正門道，投資這家公司就是最佳範例。

後語：

❶每一個事業，都有所謂的關鍵成功要素，這個財務公司要有人懂總經、要有人懂財務、要有人懂電腦，他們三個主要股東，剛好各擁有一種專長，非常完美。

❷股東磨合良好、相互信任、合作無間，所有的事都能協商解決，也是這家公司成功的關鍵。

58 三分鐘就把陌生人變成自己人

人人都希望有好人緣，也希望有許多朋友，但是交朋友其實是一項特殊技能，首先要擁有開放的心態，願意和所有人做朋友，其次也要有好的公關技巧，可以把所有認識的人都進一步變成好朋友，再來要有策略的選擇交友領域，才能讓各種領域都有好朋友。

一次偶然的機會，我認識了一個極擅長公關的人，他是一家上市公司的基金會執行長。我們在飯局中認識，他知道我剛爬完玉山，對爬山的興趣正高昂，熱心約我去爬雪山，雖然剛認識不熟悉，但是看在雪山的分上，我們就一起去了。一趟雪山行，他讓我認識了他人緣的良好與人面的寬廣。

途中，我們從宜蘭經過，先在宜蘭認識了一位檜木收藏家，滿屋子檜木家具，讓我們大開眼界；接著又去阿國海鮮吃飯，認識了好客的阿國老闆；然後開車經過中橫支線，路過南山部落，認識了種高麗菜的農民，相約回程拿高麗菜；接著到武陵農場，當地警察及派出所所長又是接待又是泡茶，第二天一早，還送我們到雪山登山口，熱情之至。這是一趟非常愉快的雪山之旅，好像從宜蘭到武陵農場，全線都有他的熟人。從此我和他也變成熟人了！

雪山回來後，我們三不五時會聚餐，經常都會有人帶新朋友加入，他又讓我見識到他超人的公關能力。在有人介紹新朋友時，在我對新朋友的姓名都還不熟悉時，他有本事在三分鐘內，就把對方身家調查得清清楚楚，再加上兩杯酒下肚，就可以聊到共同朋友，共同嗜好，彷彿已經是多年的老友，他的公關能力讓我嘆為觀止。

我曾開玩笑說：他是我見過最會做公關而且人緣最好、人面最廣的人。

日子久了，對他認識更深。他不只是有「交」無類的認識各種朋友，他更是有計劃的認識三種人。

第一種人是警界的朋友，從最底層的警員，到警官，到分局長，甚至高層局長、署長等，他都想盡辦法去認識交往，而且遍及全台灣各地的警察，都有他交往的朋友。

第二種人是司法界人士，從檢察體系的檢察官、檢察長，到審判體系的法官，也一樣遍及全省各地的司法體系。

第三種人是醫師，尤其是各科的名醫，他也都刻意交往。

他所交往的這三種人中，總數量雖然沒有很多，卻令我這種朋友不多的人十分吃驚，因為似乎談起任何領域，都有他認識的人似的。

我不知道他是有心還是無意，或只是因為做人豪爽所以就很容易交到各種朋友，但是認識的人多了，有些事情就好辦多了。

有一次我們公司的帳號被詐騙集團冒用，以至於帳號被封鎖，許多錢被凍結在帳戶中，動彈不得，透過他的幫忙，找到相關的警察局長協助，順利讓戶頭解凍。

又有一次我說某名醫病人很多，掛號掛不到，也是透過他一通電話就解決了！

從他身上，我學到交朋友是一項特殊專業，尤其是能在三分鐘之內把陌生人變成朋友，更是一項不可多得的能力。我努力學習他的交友能力，希望能多一些朋友，少一點敵人。

後語：

❶這位名副其實的公關達人，我發覺他的個性非常適合做公關，他非常開朗，很樂於跟人聊天、溝通，遇到他懂的話題，他滔滔不絕，遇到不熟悉的題目，他是好聽眾，也會適時提出好問題，延續話題。

❷警界、司法界、醫師這三種人，他是刻意經營，所以會認識很多人。

第七章 他山之石

新商業周刊叢書BW0861

國家圖書館出版品預行編目（CIP）資料

自在慢行：人生可以全力衝刺，但也別忘了偶爾放慢腳步／何飛鵬著. -- 初版. -- 臺北市：商周出版：英屬蓋曼群島家庭傳媒股份有限公司城邦分公司發行, 2025.06
面； 公分. --（新商業周刊叢書；BW0861）
ISBN 978-626-390-380-7（平裝）

1.CST: 自我實現 2.CST: 職場成功法
3.CST: 人生哲學

177.2 113018556

自在慢行

人生可以全力衝刺，但也別忘了偶爾放慢腳步

線上版讀者回函卡

作　　者／何飛鵬
文字整理／黃淑貞、李惠美
校　　對／徐惠蓉
封面攝影／黃世澤
責任編輯／鄭凱達
版　　權／吳亭儀
行銷業務／周佑潔、林秀津、林詩富、吳藝佳、吳淑華

總 編 輯／陳美靜
總 經 理／賈俊國
事業群總經理／黃淑貞
發 行 人／何飛鵬
法律顧問／元禾法律事務所　王子文律師
出　　版／商周出版
115020台北市南港區昆陽街16號4樓
電話：(02) 2500-7008　傳真：(02) 2500-7579　E-mail: bwp.service@cite.com.tw
發　　行／英屬蓋曼群島商家庭傳媒股份有限公司　城邦分公司
115020台北市南港區昆陽街16號8樓
讀者服務專線：0800-020-299　24小時傳真服務：(02) 2517-0999
讀者服務信箱E-mail: cs@cite.com.tw
劃撥帳號：19833503　戶名：英屬蓋曼群島商家庭傳媒股份有限公司城邦分公司
訂購服務／書虫股份有限公司客服專線：(02) 2500-7718；2500-7719
服務時間：週一至週五上午09:30-12:00；下午13:30-17:00
24小時傳真專線：(02) 2500-1990；2500-1991
劃撥帳號：19863813　戶名：書虫股份有限公司
E-mail: service@readingclub.com.tw
香港發行所／城邦（香港）出版集團有限公司
香港九龍土瓜灣土瓜灣道86號順聯工業大廈6樓A室
E-mail: hkcite@biznetvigator.com
電話：(852) 2508-6231　傳真：(852) 2578-9337
馬新發行所／城邦（馬新）出版集團 Cite (M) Sdn. Bhd.
41, Jalan Radin Anum, Bandar Baru Sri Petaling, 57000 Kuala Lumpur, Malaysia.
Tel: (603) 9056-3833　Fax: (603) 9057-6622　E-mail: services@cite.my

封面設計／FE設計・葉馥儀
印　　刷／鴻霖印刷傳媒股份有限公司
經 銷 商／聯合發行股份有限公司　電話：(02) 2917-8022　傳真：(02) 2911-0053
地址：新北市新店區寶橋路235巷6弄6號2樓

■2025年6月24日初版1刷　Printed in Taiwan

定價：450元（紙本）/ 310元（EPUB）

城邦讀書花園
www.cite.com.tw

ISBN: 978-626-390-380-7（紙本）/ 978-626-390-379-1（EPUB）